삶을 일깨우는
시골살이

삶을 일깨우는 시골살이
농부 전희식의 귀농귀촌 길잡이

1판 1쇄 펴낸 날 2016년 11월 10일
2쇄 펴낸 날 2016년 12월 26일

글 쓴 이 전희식
펴 낸 곳 도서출판 한살림
펴 낸 이 김성희
책임편집 최도연
편 집 구현지, 이선미
디 자 인 이규중(그린다)

출판신고 2008년 5월 2일 제2015-000090호
주 소 (우 06732) 서울시 서초구 서운로 19, 4층
전 화 02-6931-3612
팩 스 02-6715-0819
누 리 집 www.salimstory.net
이 메 일 story@hansalim.or.kr

ⓒ 전희식 2016

ISBN 979-11-957826-1-1 03520

* 이 책 내용의 일부 또는 전부를 재사용하려면
  반드시 저작권자와 도서출판 한살림 양측의 동의를 받아야 합니다.
* 이 책은 재생종이로 만들었습니다.
* 잘못된 책은 구입하신 곳에서 바꾸어드립니다.
* 책값은 뒤표지에 있습니다.

이 도서의 국립중앙도서관 출판예정도서목록(CIP)은
서지정보유통지원시스템 홈페이지(http://seoji.nl.go.kr)와
국가자료공동목록시스템(http://www.nl.go.kr/kolisnet)에서
이용하실 수 있습니다.(CIP제어번호: CIP2016025008)

삶을 일깨우는
시골살이

농부 전희식의 귀농귀촌 길잡이

전
희
식
씀

한살림

차례

| 추천하는 말 | 06
| 글쓴이의 말 | 10

1부_ 집과 땅 장만
집 구하고 땅 구하고

1. | 집 마련하기 | 헌 집 줄게 새 집 다오   14
2. | 공간 꾸리기 | 농부는 백 가지 일을 한다 — 단돈 2만 원에 샤워장 뚝딱   23
3. | 농지 구하기 | 땅, 빌릴까 살까   30

2부_ 먹고살기
뭐 먹고 살긴 밥 먹고 살지

1. | 먹고살기 ❶ | 뭘로 먹고살지? 그런 걱정부터 버리자   38
2. | 먹고살기 ❷ | 벌이를 포기하니 살아갈 방도가 생기다   47
3. | 건강하게 살기 ❶ | 소박한 밥 먹고 이웃과 어울려 신명나게 일하면 57
4. | 건강하게 살기 ❷ | 스스로 고친 오십견   65
5. | 감사히 먹고살기 | 생명의 밥상 '감사식'   70

3부_ 농사짓기
농사는 작물들이 알아서

1. | 농업 이해하기 | 농민이 사라졌다   78
2. | 작물 기르기 | 사람도 작물도 제 힘으로 자라게 해야   85
3. | 자연농법 | 사람은 거들 뿐, 자연이 키운다   97
4. | 생명역동농법 | 생명역동농장 — 뉴질랜드 카오스 스프링 농장   103

4부_ 농기구와 자원
농기구도 내 손으로 뚝딱

1. | **농기구 손수 만들기 ❶** | 서서 편하게 풀 베는 '탈핵 낫'　　114
2. | **농기구 손수 만들기 ❷** | 효용성과 창작의 기쁨　　119
3. | **물 쓰기** | 넉넉한 물, 사람뿐 아니라 작물에도　　128
4. | **에너지 절약 ❶** | 개발보다 절약, 절약보다 몸 쓰기　　135
5. | **에너지 절약 ❷** | 자전거 위에서 만나는 새로운 세상　　140

5부_ 겨울나기
저장과 비움의 균형점을 찾아

1. | **먹을거리 갈무리** | 말리고 절이고 묻어 겨우살이　　150
2. | **겨울철 음식 보관** | 음식 저장의 새로운 경지 '냉수 저장고'　　156
3. | **겨울나기** | 봄이 오려면 모진 겨울이 있어야　　162

6부_ 문화생활, 양육, 부양
놀고 키우고 모시고

1. | **문화생활** | 놀며 일하고 일하며 노니 삶이 곧 문화　　172
2. | **자녀 교육** | 자연에서 스스로 자라도록　　180
3. | **부모 모시기** | 병약한 부모 돌봄과 모심　　190
4. | **부모 떠나보내기** | 어머니의 길을 안내하고 나를 위안하는 시간　　208

7부_ 농민의 삶
살며 어울리며

1. | **지역살이** | 열 사람이 한 걸음씩　　220
2. | **삶을 나누는 여행** | 습관화된 나를 벗어나 잠재된 나를 깨닫기　　227
3. | **농민의 생각** | 절규 속 배부른 가을, 싸리비 없는 초봄　　236

추천하는 말

몸을 믿고 자연스럽게

지난봄에 서울에서 글쓴이를 만났다. 모 출판사에서 연 행사에서였다. 일정 가운데 건배사가 있었다. 사회자가 "자 이제, 건배를 할 텐데요. 전희식 선생님이 해주시면 좋겠어요"라고 제안하자 글쓴이가 자리에서 일어났다.

"반갑습니다. 전희식입니다. 그런데요, 제가 술을 안 마셔요. 그래도 건배사를 하라니 해봅시다."

나는 속으로 뜨끔했다. '술을 안 마신다니.' 지난해엔가 보았을 때만 해도 모임 끝나면 뒤풀이 때 건배차 한두 잔은 마셨는데 그사이 달라진 것이다. 그때보다 한결 더 편안하고 자연스러워 보인다. 공식 자리가 끝나고 뒤풀이로 간 술집에서도 그는 역시나 술을 입에 대지 않았다.

올해 내 다짐 가운데 하나가 '술을 딱 한 잔만 마시자'이다. 술이란 따지고 보면 돈 버리게 하지, 몸 버리게 하지, 맑은 정신마저 놓치게 한다. 깨고 나서 후회가 밀려오는 게 술이다. 그런 까닭에 나는 모임 분위기를 어색하게 하지 않는 선에서 건배 삼아 한 잔 정도를 마시자고 정했던 것이다. 글쓴이가 한 건배사는 내가 내세웠던 명분을 단칼에 허물었다.

'하나를 보면 열을 안다'고 했다. 술 한 잔 입에 대지 않으면서도 건배 분위기를 자연스레 끌어내는 모습은 이 책의 여러 내용과 어우러진다. 또한 이런 경지가 결코 하루아침에 이루어진 게 아님을 잘 보여준다.

글쓴이는 '귀농'이란 말조차 없을 때 시골로 내려왔다. 당연히 귀농·귀촌 관련해서 도움받을 곳이 거의 없었다. 지금은 차고 넘치는 게 귀농 관련 자료들이다. 온갖 군데서 귀농교육을 하고, 방송에서도 곧잘 다룬다. 그런데 적지 않은 책이 '시골에서 어떻게 하면 돈을 많이 벌까'에 집중하고, 방송에서는 흥미 위주로 귀농·귀촌을 다룬다.

이 책은 우리가 '왜 시골에 사는가'를 먼저 돌아보게 한다. 아니, 더 근본인 '왜 사는가'에 대해 묻는다. 이런 물음은 단순히 삶터를 시골로 옮길지 말지의 문제를 넘어 어디에 살든 늘 만나게 되는 삶의 화두라 하겠다. 보통은 귀농하면 성공과 실패를 기준으로 평가를 하는데 나는 그런 기준에 동의하지 않는다. 굳이 기준을 꼽자면 '삶에서 스스로 성장하는가 아니면 퇴보하는가'로 하겠다. 이 문제는 우리가 지금 그리고 미래를 어떻게 살아갈 것인가라는 화두와 다시 맞물린다. 앞으로도 세상은 점점 정보가 넘치는 방향으로 나아갈 텐데 이런 때일수록 우리가 정말 소중하게 여겨야 할 것은 바로 '키워드'라고 나는 생각한다. 이를테면 '내면의 성장, 지혜, 생명 사랑, 깨달음' 같은.

이 책은 귀농·귀촌 길잡이로 나왔지만 나는 그보다 글쓴이 자신을 위한 '성장 보고서'로 읽었다. 나 역시 농사지으며 이런저런 책을 내고 있는데, 내 경험으로 이야기하자면 책을 쓴 본인이 성장한 만큼 독자에게 다가간다고 믿는다. 이런 이유로 이 책은 귀농이나 귀촌을 꿈꾸는 사람은 물론 귀농·귀촌한 지 세월이 제법 흐른 사람들도 기꺼이 볼 만한 책이라 하겠다. 그 내용을 몇 가지만 간단히 보자.

먼저 '집 장만하기'부터 예사롭지 않다. 정보와 재미가 어우러졌다. 이렇게 글을 쓰려면 우선 경험이 많아야 한다. 다른 집들도 많이 보아야겠지만 무엇보다 스스로 집을 지어보고 또 고쳐도 보면서 알게 되는 이치. 이걸 알게 될 때 우리는 '물리가 튼다'고 한다. 사실 사람 사는 이치라는 게 꽤나 복잡한 거 같지만 물리만 트면 그리 어렵지 않으리라. 이 책은 바로 그 간단하면서 기본이 되는 경험과 지혜를 들려준다.

시골살이에 대한 고민 가운데 가장 일반적인 건 '뭐 먹고 살지?'다. 이에 대한 글쓴이 생각 역시 근본을 따른다. 잔머리 굴릴 필요가 없다, 그저 우리 몸을 믿고 부딪다 보면 자연스레 다 해결되는 지점이란다. 내 식으로 표현하면 자기 안에 숨은 능력을 끌어내기만 하면 된다.

내가 본 글쓴이는 자세가 늘 곧으면서도 편안하다. 이게 아무나 되는 경지가 아니다. 자신도 모르게 웅크리고 구부정하기 쉽다. 요즘은 스마트폰을 많이 쓰면서 자세가 더 나빠지곤 한다. 그런 점에서 그는 반석 같다. 그냥 바위가 아니라 살아 있는, 에너지를 뿜어내는 바위. 명상이나 요가를 한다고 일부러 취하는 곧은 자세는 시간이 좀 지나면 흐트러진다. 그런데 그는 그렇지 않다. 모임 끝날 때까지 그냥 자연스럽다. 추측해보자면 삶 속에서 몸과 마음이 하나 된 훈련의 결과가 아닐까 싶다.

글쓴이가 트럭을 버리고 전기자전거를 선택한 결단 역시 이런 자세와 연결되리라. 글쓴이는 시골집에서 치매 어머니를 오래도록 모셨다. 어머니가 돌아가시자 차를 버리고 자전거를 선택한 것이다. 시골은 대중교통이 불편하다. 지역에 따라 다르지만 버스가 하루에 서너 번 다니는 곳조차 많지 않다. 그럼에도 잘 쓰던 차를 버리고 자전거로 바꾸었다.

수행하려는 걸까? 글쓴이는 '어머니가 하늘나라에서 준 선물'이란다.

일반적인 기준에서 행복은 자전거에서 자동차로, 소형차에서 고급차로 바꾸어가는 걸 말한다. 집도 마찬가지. 물질에 집착하는 삶이란 끝없는 소비와 맞물린다. 그보다는 내면의 성장, 지혜, 생명 사랑, 깨달음 그리고 근원으로 더 다가서려는 글쓴이의 모습이 아름답다. 소중한 키워드를 간직하면서 근원으로 다가갈수록, 특별하고 고유한 자기만의 삶을 펼칠 수 있다는 걸 글쓴이는 잘 보여준다. 그러면서도 이 책은 시골살이에 필요한 책이나 인터넷 누리집 그리고 단체 등 적지 않은 정보도 친절하게 알려준다.

그렇다고 이 책을 지나치게 미화하고 싶지는 않다. 글쓴이가 아무리 좋은 경험을 들려주고 정보를 알려주더라도 시골살이를 선택할 때 우리가 겪게 되는 환경은 결코 호락호락하지 않다. 땅값은 비싸지요, 쓸 만한 집은 땅보다 더 구하기 어렵다. 이 때문에 지자체는 물론 국가와 함께 풀어가야 할 정치적·정책적 논의 거리가 많다. 농민 기본 소득 보장이나 주거 공유 같은 정책이 당장 이루어지지 않는다고 하더라도 같이 고민하고 모색해가야 할 과제가 아닌가 싶다.

책이란 글쓴이 손을 떠나, 독자가 읽는 순간 독자의 것이다. 아무쪼록 이 책에서 나누어주는 영감과 지혜에 많은 사람이 두루 함께하며, 함께 성장할 수 있기를 빈다.

김광화

김광화 님은 농사 틈틈이 글 쓰고 사진을 찍는다. 정농회 교육위원, 논밭사랑연구소 대표이며 《피어라, 남자》, 《씨를 훌훌 뿌리는 직파 벼 자연재배》 등을 냈다. 아내와 함께 《아이들은 자연이다》, 《숨 쉬는 양념·밥상》 등을 내기도 했다.

글쓴이의 말

나를 알아채는 시간

얼마 전에 열흘간 '담마코리아'에서 하는 위빠사나 명상 수련을 다녀왔습니다. 가을걷이에 바쁜 계절이긴 해도 몇 달 전에 날짜를 잡아서 신청했던 터라, '10일 코스' 기간과 겹쳐서 생겨나는 여러 볼일들을 미루거나 취소하고서 갔습니다.

명상을 마치고 열흘 만에 휴대전화와 책, 필기도구를 돌려받고 든 생각은, 평소에 우리가 하지 않아도 되는 말을 참 많이 하며 산다는 것이었습니다. 열흘간 완전한 묵언 생활을 했는데 소통에 아무런 문제가 없었고, 도리어 들리는 것과 보이는 것에 주의를 더 기울일 수 있었습니다. 고요하고 평온한 마음과 기민하고 주의 깊은 마음으로 또 다른 자신을 알아챌 수 있는 시간이기도 했습니다.

기막힌 얘기 하나 소개할까 합니다.

그곳에 있는 동안 소나기가 며칠 왔는데, 집 뒷밭의 축대가 무너져 내리는 꿈까지 꿀 정도로 걱정이 컸습니다. 여름 장맛비에 대문간 쪽 축대 일부가 무너져서 대문간에는 지금도 돌덩이가 쌓여 있는데, 부실해진 축대가 연쇄적으로 무너지는 것은 시간문제로 여겨졌기 때문입니다.

　축대 문제가 도화선이 되어 당장 명상 센터를 나가야만 할 일들이 줄지어 떠올랐습니다. 밭 주인 할아버지 앞에서 품위를 잃지 않되 단호하게 축대 보수를 요구하는 말들을 머릿속으로 어지럽게 수정에 수정을 반복했습니다. 하루 이틀이 아니었습니다.

　집에 와 보니 너무도 멀쩡했습니다. 멀쩡한 축대가 저를 보고 '더 있다 오지 벌써 왔느냐' 하는 듯했습니다. 우리 일상 자체가 이런 망상이지 않을까 싶었습니다. 멀쩡한 축대를 붙들고 몇 날 몇 밤을 전전긍긍했듯이 갈망하고 혐오하는 시간들로 우리 삶을 채우고 있지 않나 싶었습니다.

　그러다가 어제 치과에 갔습니다. 생생한 현실이 거기 있었습니다. 이를 갈아내고 신경을 건드리는 의사의 손끝에서, 아무리 모든 것이 조건에 따라 단지 일어났다 사라져가는 것들이라 허망하고 덧없다고 되뇌어도, 온몸을 들썩이게 하는 이의 신경줄은 팽팽한 삶의 긴장 그 자체였습니다.

　예민한 이의 신경만이 아니라 미약한 것도 예리하게 알아채는 하루하루를 살고자 합니다. 그런 바람이 담긴 글들이지 않나 싶네요.

　부끄러운 책이 나오기까지 토씨 하나와 사진 위치까지 꼼꼼히 손봐준 도서출판 한살림 식구들에게 감사를 드립니다. 아침 이슬같이 군더더기 없이 살면서 본이 되어주시는 김광화 형의 과분한 추천사도 참 벅찹니다.

2016년 10월, 농부 전희식

1부

집과 땅 장만

집 구하고
땅 구하고

1
집 마련하기

헌 집 줄게
새 집 다오

귀농이건 귀촌이건 시골에 가서 살기로 작정하고 보면 준비할 것이 많습니다. 합리적이고 준비성 있는 사람은 생활 계획을 먼저 세우고 총비용을 산출한 다음, 정밀한 조정 작업을 거친 뒤에 지출 순위를 정하겠지요. 농사지을 땅부터 구할지, 살 집을 먼저 구할지 말입니다. 저는 동의하지 않지만, 가장 먼저 준비해야 할 것이 돈이라고들 합니다. 자동차나 집이나 보험 등 도시에서 갖춘 재산을 처분하는 순서도 정해야 돈 쓰임새를 맞출 수 있을 겁니다.

저처럼 귀농의 가장 앞 순위에 명상 수련을 놓고 시작하는 사람이 요즘도 있는지 모르겠습니다. 저는 22년 전, 야마기시 공동체 수련과 동사섭 명상 수련을 1년 동안 하기로 작정했고 그 뒤로도 계속했습니다. 그리고 귀농을 했습니다.

그러면 먼저 집 마련에 대해 이야기할까 합니다. 살아갈 집을 마련하는 일을 나중 순서에 두었다 해도 결국 누구나 집을 구해야 합니다. 미리 말씀드립니다만 이 책에서 집 짓는 기술은 생략하겠습니다. 대신 집을 세 채나 지어본 귀농인으로서 집에 대한 생각을 전하려 합니다.

귀농하려면 집부터 지어야?

은행 융자까지 받아 어렵게 집 장만에 성공한 사람들이 집값을 치르느라 평생 빚쟁이로 사는 건 흔히 볼 수 있는 모습입니다. 부동산 가격 등락에 일희일비하기도 합니다. 갈수록 가치관이 달라지고 생태적인 삶을 추구한다고 하지만 삶이 송두리째 바뀌었다고 할 수는 없습니다.

귀농인도 다르지 않습니다. 저 또한 연말만 되면 농협에서 날아오는 집값 고지서에 한숨이 푹푹 나오곤 했습니다. 5년 거치 20년 상환에 연리가 단돈 3%니 집을 지을 때는 그야말로 공돈 같았습니다. 그래서 귀농한 지 7년째 되는 해에 덜렁 2천500만 원을 융자받아 집을 지었는데, 5년은 금방 지나갔고 매년 연말이면 백 몇십 만 원씩 목돈을 마련하느라 허리가 휘었습니다.

제법 소박하게 집을 지었는데도 그렇습니다. 귀농인들이 조선 시대 같으면 궁궐 목재로도 손색없을 아름드리 기둥에 장판지보다 굵은 서까래를 얹어 한옥을 짓는 경우가 많습니다. 황토집이나 흙 부대 집, 볏짚

집(스트로베일 하우스)이 유행하더니 요즘은 스위스식 집이 인기를 끕니다. 펜션 같은 집도 선호합니다. 앞마을과 들판, 하늘까지 한눈에 드는 전망 좋은 통창을 거실 전면에 내는 것도 일반적인 흐름입니다.

시골 정령들도 돕는 빈집살이

자, 시골 농가를 구해서 고쳐서 산다면 어떨까요? 빚내지 않고 집을 장만할 수 있다는 것 외에 셀 수 없을 정도로 좋은 점이 많습니다. 셀 수 없는 장점은 셀 수 없는 불편함을 동반합니다. 그래서 제가 말하려는 장점이 하찮아 보일 수도 있습니다. 사람마다 기준이 다르기 때문일 겁니다. 제가 10년째 살고 있는 전라북도 장수군 장계면에 있는 집은 시골 농가를 고친 집입니다. 이에 대해 조금 자랑하겠습니다.

시골 농가를 고쳐 살면 첫째, 집터를 구하는 수고를 덜게 됩니다. 이른바 풍수라 하는 지세, 수맥, 방향, 바람, 볕, 물은 물론 전기 설비 등도 저절로 해결된다는 말입니다. 자연재해에 안전한 것도 포함됩니다. 도시에서는 난방시설과 단열 건축재가 발달해, 집을 지을 때 방향과 지세를 최우선으로 고려하진 않습니다. 그러나 시골살이에서 풍향과 볕의 방향, 일조량은 아주 중요한 사항입니다. 아무 데나 전망 좋은 곳을 굴착기로 깎고 다져서 집을 세우는 것은 제외하고 드리는 말씀입니다. 자연 지세를 최대한 훼손하지 않고 집을 장만하려면 시골집을 구해서 사는 게 좋습니다.

둘째, 동네 주민으로 자리 잡는 지름길이 됩니다. 집주인과 이런저런 흥정을 하면서 친밀해집니다. 또 그 집에서 살면서 집을 소재로 끊임없이 대화를 주고받게 되면 우호적인 주민 한 분을 얻게 됩니다. 집주인이

집을 고치는 모습. 선라이트로 지붕을 이어 별도 공간을 만들고 있다.

그 마을에 살지 않더라도 마찬가지입니다. 시골 마을에는 이농한 집주인의 멀고 가까운 친척이 즐비하고, 그 집을 알선해준 분이 있을 것이기 때문입니다.

셋째는 뭘까요. 죄를 짓지 않는다는 것입니다. 도시와는 비교도 안 되지만 시골에서도 알게 모르게 짓는 죄가 참 많습니다. 집 짓느라 짓는 죄가 이루 말로 다 할 수 없다고 하면 '무슨 죄?'라고 하면서 어안이 벙벙할지 모릅니다. 그러나 집을 직접 지어보면 압니다. 얼마나 많은 이산화탄소를 만들어내는지, 얼마나 많은 폐기물을 만들어내는지, 얼마나 많이 자연을 훼손하는지를 알게 됩니다. 기계가 워낙 발달하다 보니 아무 데나 전망만 좋으면 700m 대형 관정을 뚫어 지하수를 끌어올리고, 수맥이 있건 말건 레미콘을 부어서 집을 짓는 풍조가 만연해 있기에 하는 말입니다. 이때 눈에 안 보이는 살생이 엄청나게 이루어집니다. 지금처럼 눈 폭탄, 혹한, 폭우 등 자연재해가 극심해지는 때는 극단에 가까운 생태적인 삶이 요구된다고 봅니다. 현관문만 찰카닥 닫으면 세상천지와 차단되는 집이 많은데 이건 매우 위험한 현상입니다.

마지막으로 좋은 점은, 그 집과 집터에 살던 옛사람들의 기운이 초보 농군을 시골에 잘 정착할 수 있도록 도와준다는 것입니다. 울안에 있는 감나무 한 그루, 허물어진 돼지 막사나 외양간, 이런 것들의 역할이 예사롭지 않습니다. 선한 신령들이라고나 할까요. 시골살이를 행복하게 해주는 정령들의 지원을 받게 됩니다. 이 부분은 섬세하게 감수성을 열고 살다 보면 금세 알게 됩니다. 무딘 감각으로는 알기 어렵지요. 바윗덩어리 하나, 나무 한 그루를 함부로 손대지 않던 선조들의 정신이 여기에 있습니다.

'하늘의 별 따기'지만 공들이면 가능

요즘은 시골집을 구하기가 어렵습니다. 이유는 여러 가지입니다. 시골 동네에 집주인이 없는 경우가 많습니다. 빈집은 있는데 그 집에 살던 사람이 어디론가 갔다는 것입니다. 도시로 갔다는데 몇 다리를 건너야 겨우 연락이 닿습니다. 더구나 그들은 시골집을 팔려고도, 빌려주려고도 하지 않습니다. 역시 여러 가지 이유에서입니다. 몇 푼 받지도 못할 것인데 팔아치우면 마음속 고향마저 사라지는 심리적 실향민이 되어버린다는 이유가 가장 큰 것 같습니다. 고향 집은 조상 묘소를 벌초할 때나 여름휴가 때 형제자매들이 와서 고향 어른들도 만나고 하루 이틀 머물다 가는 근거지가 되기 때문입니다.

또 시골의 빈집 정보를 알기도 힘듭니다. 사단법인 열린사회복지교육재단에서 '농어촌 빈집 주인 찾기 사업단'을 별도로 꾸려 귀농인과 빈집을 연결하는 일을 하고 있지만 사정이 여의치 않다고 합니다. 시·군의 농업기술센터에서 갖고 있는 정보들도 결국 읍·면의 마을 이장들 손을 거쳐 올라오는 것인데 읍·면에서 빈집 조사단을 만들어 실태 조사를 벌이기도 하지만 그 정보가 부실합니다. 그럴 수밖에 없다는 것에 수긍이 갑니다. 마을 이장이 성의를 갖고 빈집 정보를 꼼꼼히 챙겨서 보고할 겨를이 없습니다. 귀찮은 게 한두 가지가 아니기 때문입니다. 빈집을 보러 오는 사람들을 안내하고 도시에 사는 집주인한테 연락하는 번거로운 일을 하는데, 부지기수의 사람들이 집을 한 번 둘러보고는 온다 간다는 말도 없이 감감무소식이기 때문입니다. 또 시골 사람들이 외지인이 동네에 들어오는 것을 크게 반기지 않는 분위기도 있습니다. 동네에 빈 땅, 빈집이 있으면 농기계도 넣어놓고, 주차도 하고, 바쁜 농사철에 자기 집처럼 이용할 수도 있기 때문입니다.

 그렇다면 어떻게 빈집 정보를 알 수 있을까요? 신뢰성 있는 정보를 어떻게 얻을까요? 시골로 내려가서 살고 있는 지인을 통하는 것이 정확하고 빠릅니다. 면사무소 산업계장을 직접 찾아가는 것도 좋습니다. 면과 군의 생각은 마을 이장과 좀 다릅니다. 지자체는 인구 감소에 상당히 민감합니다. 자신들 일자리와 관련 있기 때문입니다. 그래서 어떤 지자체는 인구가 불어나는 마을에 큰 보상금을 주기도 합니다.

 여기저기 찔러보는 식으로 전국을 헤매기 시작하면 몇 년이 걸려도 자동차 기름값만 버리고 실속이 없습니다. 알고 있는 한두 사람에게 묻고, 마음먹은 한두 지역에 집중하는 것이 좋습니다. 지나가는 식으로 말 한마디 건네가지고는 듣는 사람도 귓등으로 흘리기 십상입니다. 꾸준히 공을 들이는 것이 좋습니다.

비가 새는지, 기둥뿌리가 썩지 않았는지 확인해야

어렵사리 빈집을 발견한 경우에 가장 먼저 판단할 것은 고쳐 쓸 만한 집인지 아닌지입니다. 그리고 고칠 경우에 들 비용을 뽑아봐야 합니다. 비용을 뽑으려면 무엇을 어떻게 고칠지를 정해야 합니다. 여기에서 전문가의 조언이 필요합니다. 그런데 전문가들은 각자 자기가 잘하는 쪽을 중심으로 말하기 때문에 서로 말이 다를 수 있으니 귀농인이 스스로 최소한의 안목을 갖추는 것이 좋습니다.

가장 먼저, 비가 새는지 봐야 합니다. 시골 농가는 거의 나무와 흙으로 지었기 때문에 비가 새면 치명적인 피해를 입습니다. 자연 소재로 만든 집은 물기에 약하고, 비가 새면 기둥과 벽면이 상한다고 봐야 하기 때문입니다. 쾌청한 날에도 그 집이 비가 새는지를 살펴볼 수 있는 몇 가지 요령이 있습니다. 방 천장 모퉁이 벽지에 얼룩이 있는지 살핀다든가 서까래 아래쪽 흙벽이 헐었는지 보면 됩니다. 만약 실내에서 하늘이 보일 정도로 지붕이 상해 있는 정도라면 심각한 상태입니다.

그다음은 기둥을 살피고 토방을 봐야 합니다. 오랫동안 비운 집이면 이 부분이 가장 취약해집니다. 토사가 쌓여 주춧돌을 덮을 정도면 모세관현상으로 기둥뿌리가 썩었을 수도 있습니다. 기둥을 교체할 수 있는지, 외과수술 하듯이 기둥의 일부를 살짝 떼어내고 접합할 수는 없는지 판단하는 것도 중요합니다. 시골집은 대개 방들이 작고 부엌은 재래식이고 조악한 연탄보일러로 난방을 하는 경우가 태반입니다. 그래서 집 구조를 뜯어고쳐야 할 경우가 있습니다. 벽을 헐고 방과 대청을 합한다든가 마루와 방을 한 공간으로 통합하는 것 등인데, 이럴 경우는 집 골격이 잘 버틸지를 봐야 합니다. 잘못하면 낭패를 봅니다.

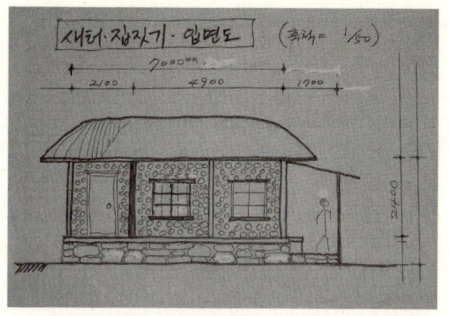

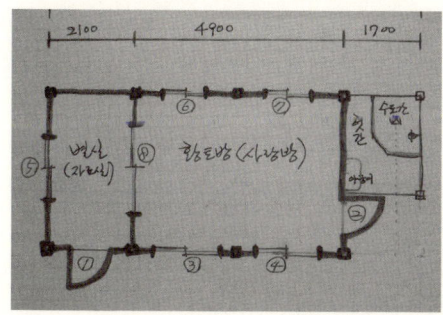

집터 안에 작은 황토집을 지으려고 그린 입체도와 평면도

　집을 고치는 기준과 원칙도 필요합니다. 도시의 집은 유휴 공간이 많습니다. 커다란 거실, 부엌, 식구들 개인 방, 화장실 등등. 그리고 낮에는 집이 텅텅 빕니다. 밥 먹을 때는 침실이 비고, 잘 때는 다른 공간이 다 빕니다. 농촌의 기존 살림집은 복합 공간이라고 이해하면 됩니다. 부엌이 안방이고 밥상 위에 책을 펴면 공부방이며, 탁자는 밥그릇을 놓으면 식탁입니다. 이런 복합 공간으로 시골집에 대한 이해와 수용이 필요합니다. 화장실은 거름간이고 외양간입니다. 화장실이기보다는 뒷간이고, 뒷간은 잠자는 방에서 멀리 있기 마련입니다. 뒷간이 멀리 있다는 건 대단히 중요한 생태 주택의 기본입니다. 생태적 삶은 기꺼이 감수하

는 불편함에 있습니다. 그 불편함은 주변 삼라만상과 함께 건강한 삶을 보장합니다.

집 구조뿐 아니라 물과 에너지 사용, 생활쓰레기 처리, 곳간이나 광의 배치 등에서 생태 원칙이 반영되게 하는 방법은 옛 농가의 구조와 공간 배치를 자세히 들여다보면 보입니다. 시골집을 고쳐 사는 것은 그러한 옛 선조의 주거 지혜를 복원하는 일이기도 합니다.

농어촌 빈집 찾기에 도움이 될 단체나 누리집

빈집을 찾는 일에 대한 분위기 파악이나 작은 정보라도 얻는 데 도움이 될 단체나 누리집을 소개하면 이렇다.

· 전국귀농운동본부 www.refarm.org
· 귀농귀촌종합센터 www.returnfarm.com
· 농어촌빈집주인찾기 cafe.naver.com/binjib
· 주말농장닷컴 www.jumalnongjang.com
· OK시골 www.oksigol.com

2
공간 꾸리기

농부는
백 가지 일을 한다
— 단돈 2만 원에
샤워장 뚝딱

몇 해 전에 샤워장 하나를 만들었습니다. 요즘 웬만한 집은 안에 욕실이 있어서 세수도 하고 발도 씻고 목욕까지 합니다. 집을 새로 지을 때 욕실 없는 집을 상상하기는 어렵습니다. 그런데 저는 욕실 없이 살았습니다. 바람막이가 있는 앞마당 수돗가에서 세수하고 발 씻고 샤워했습니다. 일상에서 최소한 그 정도 몸 노동은 해야 한다고 봤기 때문입니다. 아직도 집에서 10m 밖에 재래식 생태 화장실을 두고 있는 이유기도 합니다. 샤워장을 만들면서 변기도 하나 넣을까 말까 좀 망설였지만, 끝내 '노' 했습니다.

두 팔다리, 녹슬지 않은 머리로

그렇게 10년 가까이 살다가 집 안에 샤워장을 들였으니 그 감격은 이루 말할 수 없었습니다. 그냥 샤워장이 아닙니다. 이 세상에 단 하나뿐인 샤워장이라 해도 됩니다. 재료, 시공법, 동원된 노동력, 비용 등에서 말입니다. 구조도 독특합니다.

원래 두 곳에서 견적을 받았습니다. 읍내 잘 아는 주방 설비 가게에서는 곰곰이 재고 따지고 하더니 350만 원을 달라고 했고, 또 다른 전문가에게 보였더니 300만 원을 얘기했습니다. 저는 단돈 2만 원 정도로 완성했습니다. 천장에 단 전등과 스테인리스강 배수구, 그리고 중고 문짝 값입니다.

직접 샤워장을 만들게 된 이유는 두 가지였습니다. 당시 제 나이가 60을 바라봤던지라 몸 연식이 꽤 오래된 셈입니다. 몸 불편하신 어머니를 목욕시킬 때마다 가스레인지에 양동이를 올려 물을 끓이자니 허리가 두 동강 나는 듯했습니다. 치매를 앓는 어머니가 변덕을 부릴 때도 있어서 목욕 한번 시키고 나면 제가 몸살이 날 정도였습니다. 물 온도를 잘 맞춰도 정작 어머니가 차다거나 뜨겁다거나 하면, 벗은 어머니 몸을 담요로 싸매고는 다시 물을 대령하느라 법석을 떨기도 했습니다.

어머니가 치매 2등급이라 목욕 전용 의자도 정가의 15%에 살 수 있는지라 샤워장 하나 만들면 어머니뿐 아니라 저도 이용할 수 있지 않으랴 싶었습니다. 더구나 "나귀 타면 종 부리고 싶다"는 말처럼 그때 태양열 온수기를 떡하니 설치하고 났더니 샤워장 생각이 간절해졌습니다.

또 다른 이유는 돈 문제였습니다. 300만 원이면 제 1년 수입에 버금갑니다. 멀쩡한 두 팔과 두 다리와 아직 녹슬지 않은 머리가 있는데 이를 방치하면 더 못 쓰게 될까 봐 최대한 활용해보려고 한 것입니다. 그동안 집을 세 채나 지었고 《시골집 고쳐 살기》(들녘 2011)라는 집 짓는 책까지 낸 처지라 용기를 내서 달려들게 되었습니다.

부서지고 버리고 남은 재료로 충분

세상에 널리고 널린 재료부터 주워 모으기 시작했습니다. "개 눈에는 똥만 보인다"고, 샤워장을 직접 짓기로 마음을 먹자 여기저기서 재료들이 나타났습니다. 없는 게 없었습니다. 한국인들, 너무 쉽게 버리고 너무 많이 버립니다.

읍내에 집을 새로 짓는 후배가 남은 타일과 부재목을 주었습니다. 최근에 집을 지은 두 사람한테서 타일과 '세라텍'이라는 타일 본드, 그리고 타일 커터기를 얻어 왔습니다. 샤워장 출입문을 사려고 전주에 나가서 문 전문점에 갔더니 18만 원을 달라고 했습니다. 그곳에 있는 버려진 중고 문짝을 말만 잘하고는 얻어 왔습니다. 한 번도 해보지 않은 타일공사를 하자니, 인터넷을 뒤지고 집 짓는 후배네 가서 공사하는 걸 엿봤습니다. 고물상에도 들러서 샤워장 벽채 아래위 고정용 ㄷ 자 철판 4개를 구해 왔습니다. 4천 원.

낮에는 불을 안 켜도 밝고 자연 환기가 되는 구조를 만들려고 했습니다. 설계도를 그리고 자재 목록을 다시 점검했습니다. 그러고는 마름질을 했습니다. 범람하는 발암물질 덩어리 MDF 등 유기합성 용제는 안 쓰려고 하니 자연히 원목과 폐목이 주된 자재가 되었고 눈에 띄는 대로 공략 대상이 되었습니다. 당연히 집 지을 때면 약방에 감초처럼 등장하는 스티로폼 샌드위치 판재도 '노'였습니다.

실내 샤워장을 만드는 중. 방수액을 바르고 시멘트 모르타르를 친 뒤 타일을 깔고 있다.

세상을 떡 주무르듯 하면 진정한 예술가

이렇게 샤워장을 만들다 보니 근 보름 이상 집 안이 공사판이었습니다.

샤워장 안은 알록달록 크고 작은 타일들로 무정형 모자이크를 만들었습니다. 출생이 다르고 성장 과정이 다르고 본바탕이 다른 타일들이 네 곳에서 모여들었으니 당연한 모양새입니다. 처마 밑에 몇 년째 보관 중이던 타일을 건네준 윗집 부부가 와서 보더니 "와~ 예술이다"고 했습니다. 그 탄성을 듣고 타일 종류를 하나씩 세어보았습니다. 모두 12종이었습니다. 크기까지 따지면 스무 가지도 넘었습니다.

출입문 상단과 그 옆쪽 벽 하단에는 공간을 두었습니다. 채광과 환기용입니다.

문짝 틀을 만들 때가 가장 어려웠습니다. 모든 기성 문은 문짝 틀이 함께 나옵니다. 이른바 문의 기밀성을 높이기 위한 것입니다. 줄자와 수평자, 대패와 끌, 톱과 사포를 가지고 정신 바짝 차리고 사개를 짜고 틀

샤워장 벽체를 세운 뒤 문짝을 달고 있다.

을 만들었는데, 황동 경첩을 달아서 문을 닫아봤더니 가벼운 공기 압축감만 느껴지는 대성공이었습니다. 비틀림도 없고 기울지도 않고 문의 얇은 4개 면이 문틀과 5mm 간격을 이루었습니다.

《백성 백작》(그물코 2006)이라는 책이 나왔을 때 저는 중세 유럽의 작위 얘기인 줄 알았습니다. 번역자인 홍순명 선생님 말씀에 따르면 "농부란 자고로 백 가지 일을 하고 백 가지 작물을 키워야 한다"는 것이었습니다. 그제야 책 내용이 뭔지 짐작할 수 있었습니다.

백, 백이라는 숫자는 단순히 아흔아홉 다음 숫자가 아닙니다. '온' 또는 '모든'이라는 뜻입니다. 백만장자가 돈 100만 원 가진 사람이 아니듯이. 그렇다면 진정한 농부는 백 가지 일만 할 줄 아는 것이 아니라 모든 일을 할 줄 알아야 한다는 것입니다. 백 가지 농작물을 키우는 게 아니라 모든 농작물을 키우는 사람이라야 한다는 뜻입니다. 세상을 떡 주무르듯이 주무르는 사람이 바로 진정한 예술가!

자기 생활에 필요한 모든 것을 직접 만들 줄 아는 사람. 자기가 먹는 모든 것을 키우는 사람. 그래야 비로소 '농부'라는 영광스러운 칭호를 얻을 수 있게 됩니다. 혼자서 힘들면, 작은 마을 안에서는 가능할 것입니다. 퇴화되었을 뿐, 우리 인간의 DNA 구조 속에는 그런 능력이 내장되어 있습니다. 제가 만든 샤워장을 보면 그렇습니다.

[참고도서] 시골집 고쳐 살기
전희식 지음 | 들녘 펴냄 | 2011년

집짓기에 대한 책은 크게 두 종류다. 건축 소재를 중심으로 집의 종류와 기능, 집 짓는 기술에 관해 설명한 책, 그리고 건축미학을 중심으로 한 책이다. 이와 달리 이 책은 스스로 직접 집을 짓는 게 가능한 생활 기술을 중심으로 하여, 시골에서 집을 새로 짓는 것보다는 기존의 집을 고치는 것에 집중한 실용적인 책이다. 그러면서도 집이란 무엇인가, 대청마루의 용도와 온돌방의 구조가 어떤 삶의 철학을 담고 있는가 등 우리 조상의 지혜를 중심으로 풀어나간 건축철학도 담고 있다.

조금 불편하지만 자연 및 이웃과 더불어 살아갈 생태적 삶을 향한 첫걸음으로 안내하는 이 책은 귀촌을 계획하면서 집 문제로 고민하는 사람, 이웃과의 공생이나 생태적 삶을 지향하는 사람, 노후의 역동적인 삶을 꿈꾸는 모든 이에게 도움을 준다. 전국귀농운동본부에서 나오는 계간 《귀농통문》에 연재한 것을 보강해 묶은 책이다.

[참고도서] 백성 백작
후루노 다카오 지음 | 홍순명 옮김 | 그물코 펴냄 | 2006년

충남 홍성에 있는 풀무농업기술학교의 교장을 역임한 홍순명 선생이 번역한 책으로, 일본 주메이 마을에서 가족과 함께 완전 무농약 유기농사를 짓는 후루노 다카오가 농사 생활에서 느끼는 소회를 적은 책이다. 농촌 고향에 대한 사랑, 철 따라 변하는 자연에 대한 몰입, 농업의 일상에 대한 충실과 실험정신, 그리고 농업 현실에 대한 감상, 세계화에 대한 걱정, 농업에 대한 긍지 등을 담고 있으며, 지은이가 〈아사히신문〉과 〈마이니치신문〉에 연재한 칼럼을 모은 것이다. '농부는 백 가지 일을 하고 백 가지 작물을 기른다'라는 부제에서 엿보이듯 지은이는 "백 가지 일을 하니까 백성이라고 합니다. 무엇이든 하니까 백작이라 합니다. 창의, 연구의 세계 모두 백성 백작입니다"라는 말처럼 다양한 일을 해내며 늘 고민하는 존재로 농부의 개념을 확장해낸다.

3
농지 구하기

땅,
빌릴까
살까

땅 얘기를 하면 가슴을 탕탕 치는 사람이 많습니다. 줄타기 흥정을 거쳐 땅을 시세보다 높은 값에 팔았다 싶었는데 팔자마자 땅값이 치솟았다, 있는 돈 없는 돈 끌어대서 땅을 샀는데 그게 저당 잡힌 건 줄 몰랐다는 등 사연도 갖가지입니다. 겨우 다리 뻗고 누울 집터 하나 마련했지만 지적도에서는 접근 도로가 없는 맹지라서 이러지도 저러지도 못하는 사람도 봤습니다. 큰 임산도로가 있어서 접근하는 데 문제없을 줄 알았겠지만 지적도와는 별개입니다. 농사짓는 사람의 땅에 얽힌 일화는 위와 같은 경우를 포함해서 법이나 상식으로 이해되지 않는 사례가 많습니다. 시골의 정서나 관행과 관련이 깊습니다.

동네 이장의 땅을 샀지만

20여 년 전, 귀농해서 바로 땅을 샀습니다. 볕바른 곳이라 자연재배 농사터로 적격이었습니다. 몸뚱이 외엔 가진 게 없어 땅 살 엄두를 못 내고 있었는데, 사정을 아는 후배가 6천만 원이 조금 넘은 땅값을 다 대줬습니다. 산업재해를 당해 두 눈의 시력을 잃고 받은 보상금이었으니 그 돈은 후배 몸의 일부라 해도 과언이 아니었습니다. 신중에 신중을 기울여 땅을 샀는데 시골살이 새내기의 혹독한 수업료라 하기에는 너무 비쌌고 고통도 오래갔습니다.

당시에 제가 기울인 신중함은 인위적인 노력의 최대치였습니다. 우선 동네 이장의 땅이라 믿음이 갔습니다. 바로 앞집에 사는 동네 좌장인 어르신이 후견인으로 계약서에 보증도 섰습니다. 법으로 문제 될 게 없도록 복덕방 중재를 통해 모든 과정을 거치고 법무사를 통해 등기 이전까지 마무리했으니 더 할 게 없을 정도였습니다. 등기부등본도 떼었습니다.

그런데 무슨 문제가 생겼을까요? 땅을 산 지 두 달이 채 안 돼서 동네 이장 최 씨 일가에서 몰려왔습니다. 종중 땅인데 종손인 이장이 등기가 자기 앞으로 되어 있다고 마음대로 판 것이었습니다. 종중 땅은 대개 공동 명의가 아니라 종손 개인 명의로 되어 있기 일쑤라서 등기부등본으로는 알 수가 없고 일가친척과 동네 사람들만 압니다. 이 일을 계기로 종친 안에 실타래처럼 꼬인 인간관계가 폭발했습니다. 회오리에 휘둘린

순진한 초보 농사꾼은 마음고생이 심했습니다.

그러나 법으로도, 현실적인 다른 수단으로도 되물 수 없었습니다. 제가 책임질 문제도 아니었습니다. 세월이 흐르면서 사건은 무마되었지만 제 가슴에 남은 불신과 불안이라는 상처는 컸습니다.

다음이 더 심각했습니다. 40대 후반이던 이장이 다음 해에 과음으로 급사했습니다. 농협에서 제 땅을 차압했습니다. 죽은 이장이 농협에서 대출하는 친척에게 이 땅을 근저당해주었다는 것입니다. 법은 피도 눈물도 없어서 제 땅은 바로 경매에 넘어갔습니다.

경매일 전에 공시지가인 경매가 1천600만 원을 주고 제가 그 땅을 사야 했습니다. 후배에게는 말도 못 했습니다. 귀농 2년차인데 어디서 돈을 마련하는가요? 제 땅을 2천500만 원에 근저당 설정해서 1천600만 원을 빌리는 것으로 처리하고 그 땅을 경매에서 빼냈습니다. 한순간에 생긴 1천600만 원 농협 빚과 근저당 설정비 등은 약과였습니다. 그 뒤로 여러 해 동안 겪은 상상 이상의 사건으로 사람에게 크게 절망했습니다.

법무사를 찾아가서 항의했으나 소용없었습니다. 죽은 이장 부인을 찾아가서 사정을 말하고 확인서를 받기도 했고, 나중에 구상권을 행사하려고 내용증명도 여러 번 발송했습니다. 변호사 권유에 따라 구상권 시효를 연장하려고 소송도 했습니다. 여기저기 오고 가느라 허비한 시간과 차비만 해도 상당했습니다. 빚더미에 눌려 야반도주를 한 이장 부인과 흩어진 아들딸의 주소지를 찾아 피청구인 인적 사항을 소장에 적으면서도 마음이 편하지 않았습니다. 후배 땅이 아니라면 꼭 그러지 않았을지도 모릅니다.

놀라운 것은, 2차 유찰을 거쳐 이장이 죽기 직전에 새로 지은 멋진 집과 논과 밭, 산까지 헐값에 사들인 사람이 바로 제 땅을 농협에 저당 잡히고 대출했던 이장 친척이라는 것입니다. 인심이 박했던 이장이 전주 시내에서 설계사무소를 하는 젊은 친척에게 이유 없이 자기 땅을 근저 당해줬을 리가 없었을 터. 제가 산 이장 땅이 경매로 넘어가면서 그 젊은이의 농협 빚은 그냥 사라지게 되었습니다. 자초지종을 캐보니 초보 귀농자 하나를 놓고 동네 사람 대부분이 거짓말을 하고 있던 것이었습니다. 절망이 커서 동네를 나올까 싶기도 했습니다.

묵은 땅 개간해놓으면 나타나는 땅 주인

이장 가족과의 소송에서 승소했지만 어느 순간에 저는 모든 구상권 행사를 포기해버렸습니다. 그사이에 이장 가족이 상속 포기서를 내서 빚 상환 의무에서 벗어나 있었기 때문이기도 했고, 하루 밥 세 그릇 먹고 살면 되었지 더 실랑이해봤자 사람에 대한 낙심만 클 것이라고 여겨져서입니다. 덕분에 연말이 되면 날아오는 농협 고지서에 적힌 원금과 이자 백 수십만 원을 오랫동안 갚아야 했습니다.

    시골의 얽히고설킨 인간관계와 정서 그리고 관행 때문에 일어나는 땅 시련은 참 많습니다. 어떤 후배는 농림지역에 속하는 산을 샀다가 동네 간이 상수도 물탱크가 있는 걸 나중에 알았습니다. 법으로는 집을 지어도 아무 문제 없지만 실제론 집을 짓지 못하고 몇 년 동안 컨테이너와 비닐집(비닐하우스) 생활을 했습니다. 마을회관에 소파도 놔주고 행사 때는 머슴 노릇도 하며 동네 사람들 마음을 돌리려는 노력을 한참 동안 했습니다.

    시골로 내려가는 사람들한테 들려주는 조언은 성급하게 땅을 사기보다는 빌려서 농사짓다가 살아가면서 신뢰가 쌓이면 그때 땅을 사라는 것입니다. 그러면 바가지 쓸 일도 없고 사기 당할 일도 없습니다. 그런데 이 말이 다 맞지는 않습니다.

처음 귀농지에서 저는 후배가 사준 땅 말고도 묵은 땅을 여기저기 괭이로 개간해서 농사를 지었습니다. 토박이 씨앗을 모아서 키우고, 거의 사라진 '다마금'이라는 밭벼도 했습니다. 그런데 그것도 2~3년이 상한 치였습니다. 땅이 쓸 만해지면 어디에 있었는지 안 보이던 땅 주인이 나타나서 땅을 달라고 합니다.

두 번째 귀농지에서도 그랬습니다. 등본에는 200평 남짓 되지만 농사 가능한 터는 600평이 넘는 곳이었습니다. 군유림 경사지까지 개간해서 고추, 옥수수, 콩, 감자 등을 심었습니다. 땅 주인의 서울 사는 아들네가 도지도 없이 공짜로 농사지어도 된다고 허락을 해주었던 것입니다. 계약서도 필요 없다고 했습니다. 십 수 년을 묵혀놓은 땅이라 애들 허벅지만 한 나무들이 여기저기 자라 있어서 톱과 괭이로 뿌리까지 캐내고 농사를 지었습니다. 이때는 제가 몸도 좋고 농사에도 그야말로 도가 터서 비닐 한 조각 쓰지 않은 자연재배를 2천500평가량 하던 때였습니다.

산비탈 땅에 억새 뿌리와 쑥 뿌리가 어찌나 깊이 박혔던지 동네 트랙터를 불러 밭을 갈아엎는데 세 번이나 돌아야 했습니다. 비용은 평수에 비해 두 배나 줬습니다. 딱 한 해 농사를 짓고 바로 다음 해였습니다. 땅 주인이 얼굴을 싹 바꾸고는 동네 노인회에서 콩 농사로 마을 기금을 마련한다고 해서 거기에 줬다면서, 농사지으러 가는 저를 막아섰습니다.

살고 있는 집 위쪽에는 주인이 누군지 알 수 없는 300여 평 되는 땅이 있었습니다. 역시 톱과 낫, 괭이로 개간했습니다. 밭 옆에서 그늘을

땅은 시골살이에서 가장 중요한 부분이다. 많은 사연을 쌓아가게 된다.

드리우는 아까시나무도 베어내고 아름드리 뽕나무도 쳐냈습니다. 칡뿌리를 여러 개 캐기도 했던 이 땅은 사람 발이 닿지 않은 지 수십 년이라 농사가 참 잘되었습니다.

역시나 딱 한 해 농사를 지었을 때였습니다. 이번에는 귀농자였습니다. 약삭빠른 이 귀농자는 저보다 동네에 몇 해 먼저 들어왔는데, 땅 주인을 어떻게 찾아냈는지 계약을 맺었다고 했습니다. 다음 해 고추를 심으러 올라갔더니 그 귀농자가 시커먼 비닐로 멀칭을 해놓고 제게 계약서를 들이밀었습니다. 기막힌 일이었습니다.

사람 인연 못지않은 땅 인연

논을 빌려서 벼농사를 지을 때였습니다. 계약서를 써야 농지 원부를 만들고 벼농사 직불금을 받는데, 서울 사는 땅 주인이 계약서를 못 써준다고 했습니다. 세금을 내게 되면 책임질 거냐는 것이었습니다. 1년 도지로 40만 원 될까 말까 하는 농지 임대수입에는 아무 세금도 없다고 해도 막무가내여서 2년 농사짓다가 말았습니다.

할 수 없이 다른 논을 빌렸는데 둠벙을 메운 논이라 찬물이 나왔습니다. 유공관 공사를 해서 찬물을 빼려고 해도 논 주인은 나 몰라라 했습니다. 둠벙이 있던 논이다 보니 논에 물을 대는 수통이 없어서 물을 100m나 끌어야 했습니다. 옛날에는 윗논에서 물을 대었는데 윗논은 한우 축사로 바뀌어서 물 한 방울 흘러오지 않았습니다. 남의 논두렁 중간에 버팀목을 대가며 물을 끌었습니다. 고무관을 100m 넘게 연결해 여덟 마지기 논에 물을 댔습니다. 그런 논이니까 제 몫이 되지 않았나 싶습니다.

제 땅이 아니라서 겪은 설움은 필설로 다 할 수 없습니다. 결국 땅도 보통 인연이 아니고는 가질 수 없지 않을까요? 인연은 무궁한 인과법칙의 지배를 받습니다. 오는 인연 잘 알아채고, 아닌 인연 매달리지 않는 수밖에 없습니다. 기초적인 상식이야, 기본으로 두고 말입니다.

자신이 구하려고 하는 땅이 일정 기간 임대가 가능한지, 그런 약속을 받아낼 수 있는지 미리 알아보고 빌리는 게 좋겠습니다. 계약서만 너무 믿지 말고 인간관계를 잘 풀어야 합니다. 인간관계에만 매달리고 계약서나 기초적인 법 처리에 소홀해서도 안 되지만 말입니다.

땅을 살 때는, 제가 겪은 것 같은 상상 밖의 사례들도 살펴보고, 그 밖에도 농림지역이 맞는지 보전관리지역인지도 알아야 합니다. 자연환경보전지역은 이용 제한이 더 큽니다. 법적인 것은 율사보다는 군청에 가서 담당 부서 공무원과 상담하고 몇 가지 서류를 떼어 보면 정확히 알 수 있습니다.

2부

먹고살기

뭐 먹고 살긴 밥 먹고 살지

1
먹고살기 ❶

뭘로 먹고살지?
그런 걱정부터
버리자

경상남도 함양군에 가면 서상면이라고 있습니다. 제 고향이 고 바로 아래 서하면이니 서상면은 아주 눈에 훤한 곳이지요. 이곳에 있는 영각사라는 절 바로 밑 마을에 정착한 귀농 후배 부부를 만나러 간 적이 있습니다. 이 부부는 후배라기보다 제 의조카입니다. 의형제, 의붓아버지는 흔해도 의조카는 좀 생소합니다만 제가 그 전해 가을에 부산귀농학교에 강의를 갔다가 조카로 삼은 부부입니다. 서상으로 귀농을 한다기에 어찌 반갑던지 강의 뒤풀이 때 위아래 좌우를 한참 따져보다가 그들 아버지가 제 셋째 형님뻘이라 조카 삼기로 한 것입니다.

막 30줄에 올라선 그 젊디젊은 부부네 집에 당도해서 저는 깜짝 놀랐습니다. 그새 집을 다 짓고 이사도 끝냈고, 고추도 한 300평, 뚱딴지라고도 하는 돼지감자를 한 2천 평이나 심었다고 했습니다. 그리고 그때 한참 올라오는 산나물 뜯기에 여념이 없었습니다. 두릅, 고사리, 다래순, 취, 돈나물, 머위 등.

농토는 마을 어른들에게 빌렸고, 산으로 들로 오가다가 불쑥 영각사에 가서 주지 스님에게 인사를 드렸더니 마침 부산에서 절에 와 있던 보살 한 분이 자기 땅이 여기 있다면서 부처 먹으라고 해서 또 땅을 얻었고, 옆 동네로 먼저 귀농한 선배한테서 관리기 빌려다가 밭을 갈았고, 집은 재료비 2천만 원에 인건비 조금 해서 거의 자기 노동만으로 3천만 원에 25평쯤 되게 지었다고 합니다.

피 한 톨 안 섞이고 마음으로 맺은 것이긴 해도 조카 삼촌 사이라 그런지 이 부부가 저랑 좀 비슷한 거 같습니다. 특별히 짜임새 있는 계획도 없이 그냥 '널널한' 마음으로 귀농을 한 것이나 이것저것 닥치는 대로 살아내는 것이 그렇습니다. 도시를 떠날 때의 그 초심 하나 놓치지 않고 살려는 것도 비슷합니다. 널널하면 널널하게, 빠듯한 마음이면 빠듯하게 살게 되는 게 사람 사는 이치 아닐까 합니다. 자연에 맡기고 살면 자연스러운 삶이 되는 것이고 자연에 거슬러 살면 부자연스러운 삶이 되지 않겠어요?

일단 걱정부터 내려놓자

농촌에 가서 뭘 해 먹고살면 좋을지 얘기하는 이 글에서 뭔가 좋은 아이디어 하나 건져서 시골살이를 편하게 할 수 있지 않을까 생각하는 이는 제 얘기에 실망할 수도 있겠습니다. 저는 지자체나 귀농 선배들이 하는 고만고만한 귀농 안내 같은 이야기는 하지 않으려 합니다. 시골로 가서 무얼 해 먹고살아야 하는지는 사람마다 하는 이야기가 다를 것입니다. 얘기마다 다 맞는 이야기일 수 있습니다.

시골 가서 뭘 해 먹고살아야 할지 아등바등 머리 싸매고 고민해서 내려가면 늘 아등바등 머리 싸매고 살게 되는 것 같습니다.

제가 살아보니 벌써 20여 년 동안 시골살이라는 게 뭐 하나 제대로 빈틈없는 계획에 따라 진행된 게 없습니다. 내려올 때도 그냥 덜렁 내려왔지만, 살아온 것도 그냥 어떻게 잘되겠지 하면서 살다 보니 《소농은 혁명이다》(모시는사람들 2016)까지 책도 8권이나 냈고, 농사도 안 지어본 게 없을 정도고, 애들 유치원생 때 내려왔는데 둘 다 장성해서 제 갈 길 잘 가고 있고, 집도 세 채나 지어봤고, 귀농이나 생태적인 삶에 대한 강의도 가끔 나가면서 살게 되었습니다.

빠듯하지 않게 사니 이런저런 기회가 오면 그냥 덥석 잡아버립니다. 전주국제영화제 주최의 무료 워크숍 4개월 과정을 농한기인 겨울철에 등록해 공부한 덕에 아마추어 영화감독으로 데뷔해 영화관에서 자그마치 관객 400명을 모아놓고 작품을 상영하는 영광(?)도 있었고, 단소니 대금이니 기타니 하는 것도 해보고, 노모도 시골로 모셔 와 같이 살 수 있게 되었고, 유럽, 일본, 중국, 호주, 인도, 싱가포르, 뉴질랜드, 라틴아메리카 등지로 해외여행이나 연수도 다녀왔습니다. 제 돈으로 몇 년 적금 부어서 하려 했다면 꿈만 꾸다 말았을 것입니다. 우연찮은 기회에 다 공짜로 했습니다.

내 책을 본 독자들과 만나 강연을 하고 있다.

　계획을 세워 몇 년을 안 먹고 안 쓰고 해서 이룬 것은 하나도 없습니다. 거의 다 즉석에서 아니면 2~3주 전에 덜컥 기회가 와서 한 것들입니다. 웹 에이전시 회사도 만들어 시민단체나 대안학교 사이트도 개발해봤고, 무역회사도 만들어 북한에 밀가루 등 식량도 보냈습니다. 책도 작정을 하고서 써본 적은 단 한 번도 없습니다. 그냥 글 쓰는 게 좋아서 하다 보니 이렇게 되었을 뿐입니다. 처음에는 아이들 일기 지도를 하면서 같이 글을 쓴 게 시작이었던 것 같습니다.
　안 해본 것은 시설농사, 그러니까 비닐집 농사입니다. 그냥 안 하게 된 게 아니고 이것만큼은 절대 안 해야 진정한 농부려니 하는 고집이 있었습니다. 지금 생각해도 정말 잘한 것 같습니다. 비닐집 농사 시작한 사람들 보면 밤낮이 따로 없고 농한기, 농번기도 없습니다. 늘 종종거리며 정신없이 일하고 삽니다. 돈을 많이 버는 만큼 많이 씁니다. 농사짓는 사람이 천하의 근본이라고 하는 것은 하늘을 거스르지 않고 계절과 기후와 자연조건을 있는 그대로 잘 모셔가며 농사짓는 경우에 해당되는 것 같습니다. 절기와 날씨와 기온을 거슬러 시설농사를 하는 것은 천하의 근본은커녕 천하를 괴롭히는 행위가 아닐까 생각합니다.

그래서 저는 귀농해서 뭘 어떻게 해서 밥 먹고 살지 걱정하는 분들에게 제가 생각해도 황당하기 짝이 없지만 일단 그 걱정부터 내려놓으라고 합니다. 대책 없이 내려놓으라고 말합니다. 걱정을 안 하면 걱정할 일이 안 생긴다는 게 제 신념입니다. 귀농해서 실패하고 빚더미에 올라앉은 경우는 백이면 백 돈 벌려다 그렇게 된 겁니다. 살아갈 걱정을 산더미처럼 하면서 무리해서 이것저것 시도하다 빚더미에 올라앉습니다.

물론 이게 말처럼 되는 건 아닙니다. 걱정은 하고 싶어 하는 게 아니고 그냥 되는 것이니 말입니다. 생각을 하고 싶어서 합니까. 그냥 생각이 나고 그것을 쫓다 보니 생각에 매여 삽니다. 내가 생각을 하는 게 아니라 생각이 나를 거머쥐고 이리저리 뒤흔들 듯이.

일의 종이 되지 말자

제 얘기를 수긍하는 분들도 정작 돌아서면 다시 막막한가 봅니다.

"나는 당신처럼 글도 쓸 줄 모른다. 나는 아는 사람도 많지 않다. 나는 농사지어본 경험도 없다."

노지에 키우는 감자. 감자꽃이 환하게 피었다.

　제가 책을 8권 넘게 냈지만 사실 저는 중학생 때 처음으로 연애편지를 썼다가 맞춤법이니 띄어쓰기니 표현력이 서툴러, 여학생이 편지를 받은 것 자체가 창피했는지 빨간 볼펜으로 온통 벌겋게 수정해서 되돌려준 일도 있습니다. 20대 중반에는 어느 잡지사에서 제가 하던 공장 활동을 토대로 글을 써달라고 해 한 달 내내 끙끙대며 25매를 썼지만 실리지는 않았습니다. 대신 원고 1매당 500원인가 원고료가 통장에 들어왔기에 이유를 물어보니 채택되지 않은 청탁 원고에 주는 원고료라는 말을 듣고 얼굴이 홍당무가 된 적이 있습니다.
　농사도 구경만 했지 직접 지어본 적 없었습니다. 우리가 자식 키울 때는 '잘할 수 있는 것을 하라', '하고 싶은 것을 하라'고 하지만 정작 자신의 삶은 그렇게 못 하는 경우가 많습니다. 신명나는 일을 하면 자신 안에 있는 흥이 절로 살아나고, 그러면 관계도 잘 풀리고, 안 보이던 여러 기회가 다 보이고, 그러다 보면 돈도 벌리고, 건강해서 의료비도 안 들고, 나아가서 자동차 접촉사고 하나 안 나는 게 다 천지조화의 삶이 아닌가 합니다.

일하는 사람이 노래도 만들고 글도 쓰고 그림도 그려야 그게 살아 있는 예술이라고 돌아가신 이오덕 선생이 말씀하셨습니다. 일을 해야 감성이 열립니다. 노동은 천지 만물과 소통하는 통로입니다. 그러나 신명 난 노동이 아니라 돈벌이 노동이 되면 잡초는 원수가 되고 소니 돼지니 콩이니 고추니 나락은 다 돈이 됩니다. 그러면 창조의 기쁨, 생산의 희열은 없어지고 가슴과 머리에선 돈 액수만 춤을 춥니다. 고객 관리한답시고 프로그램 깔고 농작물 택배 보내느라 헉헉댑니다.

여유 있게 살면서 흥이 나면 흥도 나누고 공감하는 사람들끼리 일판도 춤판도 벌이고 사는 것이 시골로 올 때 마음먹은 것일 텐데, 어쩌다 보면 이런 초심은 어디로 가고 해야 할 일만 겹겹이 쌓여 하고 싶은 일은 할 겨를이 없습니다. 이래서는 안 됩니다.

하고 싶은 일만 하면서 어찌 살 수 있겠는가, 하고 싶지 않지만 해야 하는 일이 얼마나 많으냐고 하실 테지요? 그렇습니다. 해야 할 일이 있습니다. 그렇지만 그것을 하고 싶은 신나는 일로 바꿔내는 힘이 필요한 것 같습니다. 그래야 자기 삶의 주인이 될 것입니다. 노예가 꼭 고대나 중세에만 있던 건 아닙니다. 지금도 엄청난 노예들이 많습니다. 일의 노예, 돈의 노예, 술과 노름의 노예 등등. 모두 다 자기 삶의 주인이 아니라 종인 셈이지요.

돈 때문에 돈을 벌어야 하나?

이제 당위와 의무, 분노와 주관적 사명감으로 살 때는 아닌 것 같습니다. 소를 키워라, 오미자가 좋다, 사과나 배를 기르자는 얘기들부터 시작해서 블루베리, 야생 차, 각종 장류, 농촌 체험, 교육 농장, 산촌 유학 등 시골 가서 살려고 하면 머릿속을 헤집고 다니는 주제들이 많습니다. 농촌 보험도 여러 상품이 나오고 방과후학교, 이주여성센터, 지역아동센터 같은 곳의 일자리도 자주 소개됩니다. 빈집 조사 활동도 있고 인구 조사 보조원도 있습니다. 그런데 하고 싶은 일이 아니면 하지 않는 게 좋습니다. 돈 때문에 억지로 하면 병나고 사고 납니다.

사실 우리가 먹고 자고 옷 입는 데 드는 돈은 얼마 되지 않습니다. 어디에 돈이 많이 들어가나요? 자동차, 통신, 자녀 교육, 의료, 냉난방 등이 꼽힐 것입니다. 이게 정상인가요? 오히려 돈을 벌기 위해 자동차 유지비, 통신비, 의료비, 에너지비가 드는 건 아닌가요? 어처구니없는 악순환입니다.

하고 싶은 일만 하고 신명나게 살려면 방법이 있습니다. 먼저, 내 앞가림을 잘하는 것입니다. 내가 온전히 잘 사는 데에만 전념하는 것입니다. 애들 교육에도 내 앞가림이 먼저입니다. 애들은 애들대로 복을 타고 납니다. 부모 모시기, 일가친척 간의 도리, 사회활동 모두 내 앞가림만 잘하면 절로 풀립니다. 자기 한 몸, 자기 마음 하나 건사하지 못하면서 남의 생각까지 좌지우지하려고 이러쿵저러쿵하면서 다툽니다. 사람 관계가 악화되는 것만큼 에너지가 쓰이는 게 없습니다. '패시브 하우스'라고 에너지를 아예 안 쓰는 집이 유행인 모양인데 정작 자신의 생체에너지를 탕진하는 스트레스 만드는 일은 방치하는 것 같습니다. 내 앞가림 잘하는 것은 인류 평화의 첫걸음입니다. 우선 내가 온전히 평화로우면 세상 평화도 비로소 시작됩니다.

다음은 대상에 집중하여 일체가 되는 것입니다. 일이면 일, 사람이면 사람, 사물이면 사물에 관심과 애정을 가지고 지극한 마음으로 다가서는 것입니다. 비가 오면 밭에 모종을 옮겨야 합니다. 비 오기 전에 풀도 매 놔야 합니다. 이처럼 해야 할 일이 많습니다. 자, 옥수수 한 판에 모종이 몇 개입니까? 72개입니다. 같은 날 심었으니 다 같아 보이지만 단 1개도 같은 게 없습니다. 잎이면 잎, 뿌리면 뿌리가 서로 다 다릅니다. 같이 자라고 있는 호박 모종은 쌍떡잎이고 옥수수는 외떡잎입니다. 이런 것이 눈에 보여야 합니다. 한 포기, 한 포기 옮겨 심을 때마다 이런 것이 눈에 보이고 하나하나 특색이 손에 잡혀야 합니다.

그래야 일이 즐겁습니다. '해야 할 일'을 '하고 싶은 일'로 바꿔내는 방법이 이것입니다. 세상 어떤 것도 유심히 그 내면으로 들어가보면 신비하고 경이롭지 않을 게 없습니다. 세계 여행을 떠나야 새로운 세계를 접하는 게 아닙니다. 일상이 다 새로운 것임을 발견하는 것이 시골에서 농사짓고 살 때 만끽하는 특혜입니다. 이럴 때 농사일의 주인이 내가 되고 스스로 동네일이나 사회활동의 주체가 됩니다.

농촌으로 내려가도 환경조건과 행정 지원, 개인의 특장에 따라 다양한 경제활동을 할 수 있습니다. 그러나 무엇이든 참으로 하고 싶은 일, 재미있는 일을 하면 행복하게 먹고살게 될 것입니다. 이때의 재미에는 보람도 동반되어야 할 것입니다. 재미만 추구하면 유희가 됩니다. 참 기쁨일 수 없습니다.

2
먹고살기 ❷

벌이를 포기하니 살아갈 방도가 생기다

먹고살기(경제생활)에 대해 뭘 해 먹고살지 그 생각부터 버리라고 하면 사람들이 질문을 합니다. 생태농업 강의나 귀농 강의를 하면 종종 듣는 질문이기도 한데, 농사지어서 그걸 어떻게 팔았고 한 달 수입은 또 얼마나 되는지에 대한 질문입니다. 한마디로 통장을 까보라는 얘긴데 이번에는 그 얘기를 해볼까 합니다.

그동안 뭘 해서 돈을 벌었는지 돌이켜보니, 참으로 변화무쌍했던 것 같습니다. 생활 여건이 달라지는 데 따라서 벌이 방식도 달라졌습니다.

그때그때 관심과 재주가 피어나는 쪽으로 돈벌이가 생긴 셈입니다. 어느 것 하나 차분히 돈 벌 계획을 세워서 한 건 없고 그냥 그럭저럭 그렇게 된 것이라고 해야겠습니다.

들기름 팔면서 푸성귀도 덤으로 나눴더니

처음 시골에 와서는 누구나 그렇듯이 저도 도시에서 싸 들고 온 돈으로 살았습니다. 싸 가지고 온 돈이 많았다는 얘기는 아니고, 농사지어서 돈이 나오려면 오래 걸리기 때문에 그럴 수밖에 없었던 겁니다. 가져온 돈이 적었어도 쓰임새가 대폭 줄었기 때문에 가능하기도 했습니다.

먹고 입고 자는 데에는 돈이 거의 안 들었고 교육비도 안 들었습니다. 월 3천 원을 내고 두 아이가 시골 초등학교 병설 유치원에 다녔는데 유치원에서 교재와 학용품, 우유까지 주었습니다. 초등학교 저학년 때 피아노 학원과 합기도 학원을 다니면서 몇 달 학원비 낸 게 교육비 지출의 전부입니다.

상하수도비나 텔레비전 시청료도 없었습니다. 술과 고기를 안 먹었고, 가까운 데는 자전거로 다녔습니다. 몸도 건강해서 병원에 안 갔습니다. 돈 드는 데가 확 준 것입니다. 돈을 어떻게 벌 것인가 생각하기 전에 돈이 안 드는 생활을 먼저 설계하는 것이 중요합니다.

갓 귀농해서는 트럭으로 농작물 배송을 한 1년 했습니다. 배운 게 도둑질이라고 누리집을 만들고 컴퓨터를 조립해 팔아서 돈을 벌었습니다. 농사꾼이니까 농작물 판매 얘기를 먼저 해야겠습니다. 귀농 2년째, 저에게도 감격적인 순간이 왔습니다. 농사지어 먹고도 남는 게 생겼다는 말입니다. 토마토와 들깨가 아주 잘되어서 팔게 되었습니다. 전북 지역

배송을 위해 무게를 달고 포장 중인 양파

에 있는 한울생협에 팔았습니다. 한울생협은 독특한 것이, 한살림이나 아이쿱, 또는 생협연합회 같은 전국망 편입을 거부하고 지역 생협(생활협동조합)으로 남아 있습니다.

저는 한울생협 대의원이었는데 그곳에 들기름을 냈습니다. 제 소신에 따라 볶지 않고 짰고, 생협에서도 그걸 원했습니다. 여름철에는 푸성귀가 넘치고 넘쳐서 인연이 닿는 대로 조합원들한테 나눠주었습니다. 돈을 받기 애매해서 택배비를 직접 부담해가면서 나눴습니다. 그런데 그 사람들이 나중에 큰 고객으로 발전했습니다.

그 뒤로는 감자, 쌀, 제철 채소 꾸러미, 각종 효소, 된장, 고추장, 감식초, 말린 산나물, 야생 버섯, 야생 머위, 야생 밤, 야생 호두 등 정말 온갖 것을 팔았습니다. 직접 농사지은 것도 있고 채취한 것도 있었습니다. 효소는 오미자, 매실, 산야초, 오디, 구기자, 오가피, 포도 등 안 해 본 게 없습니다. 개복숭아도 했습니다. 모두 유기농이거나 야생이었고, 설탕을 쓸 땐 공정무역 유기농 설탕을 썼습니다.

    어느 하나만 많이 하지는 않았습니다. 조금씩 여러 가지를 해야 노동력이 분산돼서 품을 안 사고 직접 할 수 있으니까요. 많이 하려면 단작 대규모 농사를 짓든지 대량으로 재료를 사야 하는데 그건 제 농사 원칙과 맞지 않습니다. 전북 장수로 이사 와서는 전적으로 농사에 전념하게 되었는데, 몸이 불편한 어머니 곁에 붙어 살다 보니 다른 벌이 수단을 모두 포기해야 했던 것입니다.

농사철학 이해하면 비싸도 단골

벼농사와 감자 농사를 몇 년 크게 했습니다. 감자는 장마가 시작될 때 캐기 때문에 잘 간수하지 않으면 썩은 냄새가 집 안에 가득 찹니다. 보관이 중요합니다. 감자를 보관하는 수고를 줄이려고 미리 주문을 받았는데, 당시 20kg 감자 한 상자에 1만 8천~2만 원 정도인 것을 저는 5만 4천 원에 팔았습니다.

    한 해에 보통 서른 상자 정도 팔았습니다. 상자 안에는 기분 내키는 대로 제 책 《똥꽃》(그물코 2008)이나 《아궁이 불에 감자를 구워 먹다》(역사넷 2003)를 넣었고 집에 있는 마늘 한 줌, 상추 한 묶음 등을 덤으로 넣었습니다. 농사지으면서 찍어 놓은 사진을 잘 편집하고 인쇄해 넣어서 농사 과정을 설명하는 것은 기본이었습니다.

    잔챙이 감자는 서울에서 식당을 하는 후배네로 다 보냈습니다. 졸여

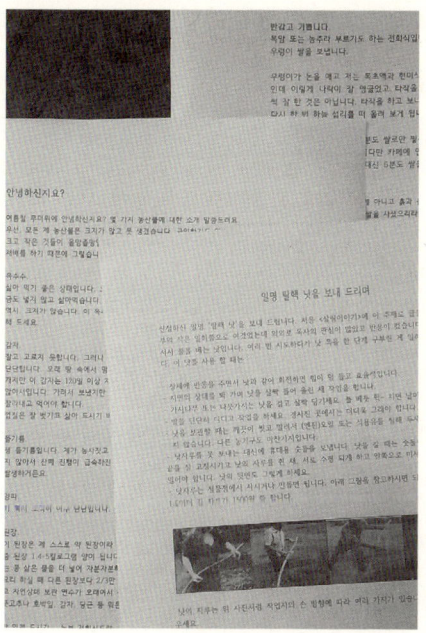

구매자에게 물품과 함께 보냈던 편지들

서 손님들한테 반찬으로 냈다고 합니다. 후배는 제가 장수에서 터를 잡아 집을 고치고 밭을 살 때 돈 500만 원을 준 적이 있어서 잔챙이 감자로 갚은 셈입니다.

비싸고 비싼 제 감자를 산 사람들은 제 개인 누리집 회원이기에 제 농사법이나 농사철학을 이해하고 있었습니다. 감자건 고추건 비닐 한 조각 안 쓰고 직접 풀을 매고 목초액을 뿌리고 하는 걸 다 아니까 흔쾌하게 사 먹는 것으로 압니다. 당시에 저는 '농주넷'이라는 누리집을 직접 만들어 운영했는데 회원이 1천 명이 넘었습니다. 누리집을 1997년에 만들었으니 대단히 일찍 인터넷 판매를 한 셈입니다.

저는 쌀농사가 재미있습니다. 농사지으면 그때그때 회원들이 와서 일손도 돕고 쌀 예약도 했습니다. 우렁이 농사를 했는데 한 마지기(661㎡)당 평균 80kg 쌀 네 가마니씩 했으니 농사를 아주 잘 지은 셈입니다. 20kg에 7만 8천 원씩 팔았습니다. 비싸 보이지만 농사꾼 처지에서는 그렇지 않습니다. 쌀 또한 제 소신에 따라 정미소에서 현미와 오분도미로만 방아를 찧어 팔았고 백미를 찾는 사람한테는 다른 곳을 소개해줬습니다.

4,958㎡ 쌀농사를 했으니 80kg 서른 가마쯤 했습니다. 그때그때 주문을 받아서 방아를 찧어 바로 택배로 보냈습니다. 아무런 방어 장치가 없었는데도 쌀값 떼어 먹힌 것은 없습니다. 친환경 농작물 인증도 없었고 카드결제도 안 되었지만 다들 현금으로 미리 다 돈을 보내주는 편이었습니다. 어떤 사람들은 이런저런 구실을 붙여서 정해진 값 이상으로 돈을 넣어주었습니다.

밭에서 나는 대로 보내면 알아서 입금

그런 사람들한테는 밭에서 손에 잡히는 대로 마구 따 담아서 한 상자 또 보내곤 했습니다. 한여름에는 밭에서 나는 게 넘치고 넘칩니다. 한동안은 색다른 방식으로 농작물을 팔았습니다. 고객 20여 명한테 처음에는 5만 원짜리 한 상자를 만들어 보내곤 했는데 이게 영 번잡했습니다. 늦은 봄부터 가을까지 다양하게 나는 농작물을 생협 가격을 기준으로 30% 정도 비싸게 계산해서 5만 원짜리 상자를 만들어왔는데, 그러나 귀찮고 복잡해서 완전 가격 자율제를 시작했습니다. 종류별로 값을 따지고 저울에 달아서 계산기 두드리는 짓이 스스로 한심하기도 하고 시간이 없기도 해서입니다.

가격 자율제는 밭에서 나는 대로 한 상자 만들어 보내면 고객은 알아서 입금하는 식입니다. 물론 제가 부엌살림을 아는지라 담을 때 적절히 안배합니다. 그러면서 서로 아무 불만이 없었습니다. 한번은 어떤 사람이 된장과 고추장을 보내달라고 했는데 덤으로 4년 된 매실효소, 오디효소, 봄동, 옥수수 말린 것 등도 가득 보냈습니다. 얼마가 입금될지는 모릅니다. 된장은 1kg에 5만 원, 매실은 1L에 3만 5천 원 정도가 제 기준이었는데 그 사람이 우리 어머니 선물도 몇 번 보내준 적이 있고 해서 입금액에 대해서는 전혀 개의치 않았습니다.

전에 이곳에서 동료들과 같이 친환경 영농조합을 설립해 활동했지만 결국 탈퇴하고 개별 판매를 했습니다. 제 농작물만 찾는 개인 회원들을 감당하는 것도 벅차서였습니다. 고객은 주로 제 강의나 책, 그리고 제 농작물을 먹는 사람의 소개로 연결되었습니다.

원고료와 강사비, 가족요양 수당

농사를 지은 지 8년 만에 처음 책이 나왔는데 그 뒤로 줄줄이 책을 내게 되었습니다. 책을 내니까 강의 요청이 들어왔고, 강의하다 보니 원고 청탁이 들어왔습니다. 초등학생용으로 쓴 책과 공저까지 모두 합치면 14~15권쯤 낸 셈입니다. 책을 이렇게 많이 내는 작가가 많지는 않습니다. 그래서 인세 수입이 있고 강의 수입이 있습니다. 신문과 잡지에 글을 쓰는 고정란까지 합치면 원고료가 수입에서 많은 부분을 차지합니다. 언젠가는 텔레비전에 출연해서 강의를 했는데 1시간에 200만 원을 주기에 놀라 자빠진 적이 있습니다.

이 모든 건 정말 전혀 예기치 않은 현상들입니다. 모든 벌이를 포기

어머니도 이렇게 판매할 감자를 골라주시곤 했다.

하고 장수로 들어와서 어머니를 모시고 사는데 이런 수입원이 생겨났으니 신비하다고 할까요, 아니면 횡재라고 할까요?

참, 뜻하지 않은 농외소득이 생긴 적도 있습니다. 어머니를 집에서만 모시는 걸 아는 사람이 요양사 자격증을 따라면서 가족요양제도를 알려주어서 그렇게 했습니다. 그 뒤로 어머니 모시는 가족요양 급여로 50만 원 정도씩을 매달 받았습니다. 감사하고 감사한 일입니다. 농사 외 벌이의 뿌리가 저의 농사라는 것을 압니다. 그래서 어떤 경우에도 농사의 최소 규모를 유지하려 하고 손바닥에 굳은살이 없어지지 않게 하는 게 제가 살아가는 원칙입니다.

농작물을 판매하려면?

자식같이 귀하게 키운 농작물을 판매하려면 어떻게 해야 할까. 여러 다양한 유통 방법과 과정이 있지만, 가장 간단하게는 농협이나 생협 등 조직이나 단체를 통하거나 곧바로 개인 판매를 하는 방법을 생각해볼 수 있다.

농협이나 생협을 통한 판매

운영 주체와 조직 배경은 서로 다르지만 농협(농업협동조합)과 생협(생활협동조합) 모두 '협동조합'이니 이곳을 이용해 활동하려면 먼저 출자를 통해 조합원이 되어야 한다. 그러고서 각 단체별 농작물 판매 요건을 갖추어야 판매에 나설 수 있다.

다만 조합원은 아무나 될 수 있는 건 아니고 단체마다 조합원이 될 수 있는 자격과 요건, 방법 등을 규정해놓고 있다. 조건은 크게 두 분야에 걸쳐 있다고 할 수 있는데, 조합원 개인의 조건과 농작물의 조건이 그것이다. 특히 생협은 생명운동이라는 방향성이 있고 그에 대한 합의와 이행이 중요하기에 그것을 담보해내는 물품인 농작물에 대한 조건이 엄격하다. 또한 기존 생산자 공동체 참여 등 또 다른 과정이 요구되기도 하니 잘 알아보아야 한다. 자세하고 구체적인 내용은 해당 조합에 따라 다 다르기에 직접 문의하는 것이 빠르다.

개인 판매

개인 판매에는 주로 세 가지 방식이 있다. 저마다의 여건과 성격에 따라 한 가지를 취하거나, 두 가지 이상의 방법을 겸하면 되겠다.

1) 매장 판매: 개인 매장, 그러니까 가게를 여는 것이다. 요즘엔 생협의 물품 공급도 배달에서 매장 중심으로 바뀌고 있는데, 그만큼 농작물은 소비자가 직접 눈으로 확인하거나 제철 농작물 중에서 직접 골라 가는 것을 선호한다는 걸 알 수 있다. 그러니 이는 가장 직접적이고 손쉬운 방식인데, 오늘날에는 소규모로도 카페와 책방을 겸하듯 자신만의 개성을 살리고 소비자와 접촉면을 늘리며 역할을 복합화한 매장이 늘고 있기에 그런 접근을 통해 또 다른 문화를 만들어가는 것도 가능하겠다. 다만 이 방식은 소비자의 범위와 접근성 문제, 운영상의 인건비 문제 등으로 온라인 판매를 겸하는 경우가 많다. 추세는, 매장은 매장대로 운영하되 동시에 온라인으로 홍보와 구매 상담을 하고 택배를 이용해 농작물을 보내는 것이라 하겠다.

2) 온라인 판매: 디지털 시대에 가장 보편화된 방식이겠다. 누리집을 대대적으로 만들 필요까진 없이 우선은 개인 카페나 블로그를 만들어 활용할 수 있다. 이를 통한 직거래 유통이 매우 활기를 띠던 때가 있었는데, 갈수록 대자본이나 기업이 나서는 경우가 많아지고 마케팅의 영향력이 커지면서 한풀 꺾이기는 했다. 그렇다 해도 오늘날에는 이미 당연시되는 방식이 되었고, 이 또한 자신의 개성을 살린 카페나 블로그 디자인 및 운영, SNS를 활용한 소비자와의 일상적이고 밀접한 소통을 통해 새로운 시도를 해나갈 수 있을 것이다.

3) 제철 꾸러미 판매: 이는 앞의 두 방식과는 구분 기준이 다른 것이지만 새로운 유통 방식으로 유행하며 자리 잡고 있어 소개한다. 온라인 기반으로 소비자와 소통하는 경우가 많으니 온라인 판매의 또 다른 방식이라 할 수도 있는데, 주로 시설재배가 아닌 노지재배로 생산한 제철 농작물을 소비자 회원에게 일정 가격에 맞춰 다양하게 담은 꾸러미를 정기적으로 또는 주문에 따라 발송하는 방식이다. 소비자한테는 생산자가 직접 생산해 그때그때 새롭게 꾸려 보내주는 제철 농작물을 받음으로써 친환경 농작물을 직거래로 공급받는 이점이 있다. 그렇기에 이 방식은 생산자와 소비자 사이의 신뢰가 매우 중요하며, 생산자는 소비자에게 농작물을 보내면서 직접 소통을 시도할 수 있어 좋다. 이 방식은 생협이나 개인 농부 들이 이미 다양하게 하고 있으니 다른 사례와 노하우를 참조해야겠다.

3
건강하게 살기 ❶

소박한 밥 먹고
이웃과 어울려
신명나게 일하면

'지리산 밝은마을'이라는 연수원에 간 적이 있습니다. 이곳에서 3주 만에 놀랍도록 달라져서 나가신 분이 있었습니다. 그는 생활하면서 얼굴이 밝아져 환하게 펴졌고 무슨 일이든 앞장서서 적극적으로 하게 되었습니다. 씩씩해진 목소리도 첫인상과 다른 모습이었습니다. 밥을 다 해 놓고 밥 드시라 해야 느릿느릿 맥없이 숟가락을 들던 그가 변했습니다. 처음 왔을 때 그는 척추측만증이 있어서 몸이 기울었고, 얼굴은 근심으로 가득 차서 세상 슬픔을 다 담은 듯 어두웠습니다. 중풍 초기 증세가 왔다는데, 보기에도 몸 한쪽이 어줍은 듯했습니다. 쉰을 바라보는 나이에 비해 폭삭 늙은 모습이었습니다.

 3주 동안 어떻게 지냈기에 달라졌을까. 그는 그냥 푹 쉬었습니다. 연수원에 온 첫날부터 몇 날 며칠을 죽은 듯이 잠만 잤습니다. 자고 먹고, 자고 먹고 했습니다. 가끔 부스스 일어나 주변을 어슬렁거리고 다시 잤습니다. 자연 속으로 깊이깊이 들어간 것도 그 사람의 중요한 일과 중 하나였습니다. 하루 두 번 30분씩 물속에 들어가 명상하는 물 수련을 열심히 했습니다. 물은 강하수, 황하수, 염철수, 태극수 등 여섯 기운으로 이루어지는데 기후에 따라서는 서리, 구름, 비, 우박, 번개 등 여덟 모양으로 바뀝니다. 오행과 수리(水理)에 맞춰 물에 들어가면, 작은 우주인 몸이 자연과 접속되면서 기운을 얻게 되는 게 물 수련의 이치입니다. 그는 우리가 하라는 대로 물 수련과 함께 삼림욕도 열심히 했습니다. 맨발, 맨몸으로 지리산의 숲을 누볐습니다. 먹는 것도 바꿨습니다. 며칠 동안 단식을 해서 몸을 깨끗이 비웠고 그 뒤 자연식을 했습니다. 그는 연수원에서 기른 채소와 과일과 현미밥을 조금씩 꼭꼭 씹어 감사하며 먹었습니다.

 몸이 아픈 것은 증상이 겉으로 드러나기 전부터 어딘가에 이상이 생긴 탓입니다. 불교 이론을 빌려보자면 몸이 상하기 전에 마음이 먼저 상한 것입니다. 마음이 상한 건 생활이 잘못되었기 때문입니다. 보고 듣고 느끼고 먹고 싸고 냄새 맡고 관계 맺는 것은 동물의 기초적인 인식 단계이지만 생각이라는 것은 자아의식과 연결되어 있습니다. 불교에서 이를 의식(意識), 말나식(末那識), 아라야식(阿羅耶識), 아마라식(阿摩羅識) 단계로 구분하여 6식, 7식, 8식, 9식이라 합니다. 이 부분이 상한 채로

연수원에서 같이 몸을 풀고 있는 명상 참가자들

한참 동안 교정되지 않으면 몸에 이상이 나타난다고 합니다. 생활을 바로 하고 마음을 바로 쓰면 병은 없습니다. 동서고금의 선생들이 하신 말씀입니다. 그렇게 살면 시골에서 가까이에 약국이나 병원이 없어도 대수롭지 않게 여길 수 있습니다.

자연식·전체식·소식·공동식·느린식·감사식·자급식·채식

텔레비전에서 인기리에 방영되는 건강 관련 프로그램을 보면 하나같이 '뭘 먹느냐'를 중요시합니다. 그렇습니다. 뭘 먹느냐가 건강과 직결됩니다. 그 사람이 어떤 사람이냐는 것도 뭘 먹는지를 보면 알 수 있습니다. 결코 지나친 말이 아닙니다. 마이클 폴란은 《잡식동물의 딜레마》(다른세상 2008)에서 우리가 먹는 한 끼 밥은 고도의 "정치적 행위"라고 했습니다. 해월 최시형 선생은 동학 경전의 '천지부모'에서 "식일완만사지(食一碗萬事知)"라 하여 '밥 한 그릇의 이치가 세상만사 이치와 닿아 있다'고

했습니다.

저는 좋은 음식을 자연식, 전체식, 소식, 공동식, 느린식, 감사식, 자급식으로 보고 여기에 채식을 더합니다. 정기적인 단식도 중요합니다. 뭐가 이리 복잡하나 싶겠지만 한마디로 하면 시골에서 농사짓고 살면 된다는 말입니다.

자연식은 있는 그대로 가공하지 않은 음식입니다. 요리 과정이 복잡할수록 좋은 음식에서 멀어집니다. 맛을 내고 더 많이 먹게 하려다 보니 부드럽고 달고 고소하게 만드는 것이 요리의 필사적 목표가 되었습니다. 생고기는 먹기 쉽지 않지만 고기를 굽고 지지고 볶으면 동물성 지방이 열을 받으면서 고소한 냄새를 풍깁니다. 맛을 쫓아 지나치게 많이 먹게 되지요. 전체식은 잘라내고 떼어내지 않고 전체를 다 먹는 것입니다. 겉잎과 뿌리, 줄기 등을 버리지 않고 다 먹는 게 좋습니다. 거기에 섬유질이 많습니다. 그렇게 먹으면 영양과 기운이 균형을 잡습니다. 공동식은 혼자 먹지 않고 같이 먹자는 말입니다. 혼자 먹으면 탈이 납니다. 경제 비리나 정치 비리도 돈이나 권력을 혼자 더 먹으려는 데서 비롯된 것입니다. 고기를 안 먹는 건 건강에 필수입니다. 채식만으로도 필요 영양소는 충분히 섭취됩니다. 축산 시설, 사료작물 재배와 유통, 동물 학대 문제, 고기의 질 등에서 육식이 도덕적이지도 않고 반환경적이며 반인륜적이라고 주장하는 사람이 많습니다.

자기를 잘 지키면서 남과 어울리기

눈으로 보고 귀로 듣는 것, 밖으로 내보내는 말과 글, 생각, 눈빛도 건강에 영향을 끼칩니다. 생각의 내용과 방향은 건강에 큰 영향을 줍니다.

자연식은 처음에는 맛이 낯설 수 있지만 먹다 보면 자연물 본연의 깊은 맛을 느끼게 된다.

 미움, 질투, 화, 원망은 나쁜 생각입니다. 좋은 생각은 용서하고 수용하고 양보하고 자기를 낮추고 만물을 사랑하는 것입니다. 생각이 늘 그런 방향으로 향하도록 하면 건강은 따놓은 당상입니다. 좋은 생각을 하면 재난과 사고도 안 당한다는 게 경험에 따른 제 신념입니다.

 시골에 가서 살 때 가장 힘든 점이 이웃들과 잘 어울려 사는 것이라고 말하는 사람이 많습니다. 텃세도 심하고 사고방식도 달라서 같이 어울리기가 여간 힘들지 않다는 것입니다. 사람들과 융화하지 못한 것이 시골을 떠나는 가장 큰 이유가 되고 있습니다. 흔히 농사가 생각대로 잘 안된다든가 애들 교육 문제가 안 풀린다든가 하지만 그 뿌리는 시골 사람들과 잘 어울리지 못하는 데 있습니다. 사람들과 관계가 꼬이면 다른 일들이 잘될 수가 없습니다.

 동네 사람들과 잘 어울려 지내면 쌀이건 된장이건 푸성귀건 농기계건 많은 것이 해결됩니다. 자기가 짓는 농작물과도 잘 어울려 지내야 합니다. 이웃과 잘 어울리고, 농작물을 사 먹는 이용자와도 잘 어울리고, 행정관서와도 잘 어울리면서 산다면 귀농을 후회하거나 도시로 돌아가는 일은 없을 것입니다. 욕심을 내서 농사를 무리하게 크게 벌인다든가 동네 사람들과 자신을 처음부터 다른 사람으로 구분 짓고 달리 행동하는 것은 잘 어울리는 모습이 아닙니다. 어울린다는 것은 각자가 고유한 자기 모습을 잘 지키면서 서로 미워하지 않고 비난하지 않는 것입니다. "그래, 그래. 그렇지. 맞아." 이렇게 세상을 바라보면 잘 어울릴 수 있습니다.

하나 됨은 말 그대로 하나가 된다는 것입니다. '습관된 나'가 '본래의 나'에 일치되도록 하는 것이라 하겠습니다. 습관된 나를 자기 자신인 줄 알고 사는 경우가 많습니다. 그렇다 보니 온갖 갈등과 번민이 생깁니다. 습관된 나는 자기를 속입니다. 경우에 따라 딴짓도 합니다. 욕망과 이익을 좇습니다. 그러니 쉽게 갈등과 분쟁에 휩싸입니다. 습관된 나를 본래의 나와 구분해서 볼 수 있으려면 본래의 나를 알아야 합니다. 나는 누구인지, 어디서 왔는지, 어디로 가서 무엇을 하는 것이 자신을 가장 잘 꽃피울 수 있는지를 아는 일입니다.

이는 간단하지 않습니다. 여기까지 가 닿으려면 깊은 성찰과 명상이 필수입니다. 단순한 생활이 필수입니다. 백태만상이 하나에서 나왔다는 의식에 이르러야 온전한 건강이 옵니다. 도사 같은 말이고 비현실적이라고 해도 어쩔 수 없습니다. 성자의 삶, 도사의 삶을 살자고 말할 수밖에 없습니다. 시골에서 농사짓고 산다면 이미 그 길에 접어들었습니다. 성자의 생활, 도사의 생활로 가기 좋은 조건입니다. 도사와 성자가 본래의 나라고 보면 될 것입니다.

명상 참가자들이 둘러앉아 성찰의 시간을 보내고자 이야기를 나누고 있다.

능률, 속도, 욕심이 병을 부른다

일상이 곧 약이요, 일상이 곧 의사요, 일상이 곧 독이고 병입니다. 몸에 이상이 왔다면 이미 오래전부터 6식, 7식, 8식, 9식이 다쳤다고 보면 됩니다. 그러니 처방도 그런 이치에서 나옵니다. 약으로 몸을 다스릴 것이 아니라 하던 일을 멈추고 쉬어야 합니다. 일상의 습관된 나를 버리고 하던 일을 멈춰야 합니다. 생활이 자연과 너무 먼 것이 건강이 상한 원인이라고 보면 틀림없습니다. 쑥뜸이나 부항, 침, 향 등은 건강을 유지하는 데 좋은 도구입니다. 행공을 꾸준히 하는 것도 몸 살림에 큰 도움이 됩니다.

농사일을 하면서 건강을 챙기는 방법이 있습니다. 먼저 일하는 자세를 자주 바꾸는 게 좋습니다. 호미질이나 낫질을 하고, 고추를 따고, 상추를 뜯고, 감자를 캘 때 앞뒤 발을 바꾸거나 손을 바꾸는 것은 중요합니다. 칫솔질을 하거나 똥 누고 닦을 때도 마찬가지입니다. 풀을 맬 때는 여러 요가 자세를 취해보기도 합니다. 저는 누워서 풀매기를 해보았습니다. 능률이 안 오를 거라고 생각할 텐데 당연합니다. 병은 능률, 속도, 욕심에서 오니까요.

여럿이 함께 일하는 것도 좋습니다. 신명나게 일을 하자면 함께 일하는 것만큼 좋은 게 없습니다. 일의 종류를 섞는 것도 좋습니다. 그러면 절로 다양한 자세를 취하게 됩니다. 한 가지 일을 줄곧 해야 할 때도 일의 순서를 조금 바꿔보면 일의 종류가 달라집니다. 노래를 부르면서 일을 하면 온몸의 순환이 촉진됩니다. 농작물과 대화를 해보세요. 풀과 속살거리면서 풀매기를 해보면 새로운 경지가 열립니다. 이런 농사법을 저는 선농(禪農)이라고 합니다. 농사의 결실에만 관심을 가지다가 농작물 값이 안 맞거나 흉년이 들면 실패했다고 여깁니다. 하지만 농사 과정에서 생명과 우주가 하나 되는 체험을 한다면 늘 충만합니다. 건강도 절로 좋아집니다. 잘못된 습관과 생활을 중단하면 그 순간부터 몸은 기적적으로 스스로 치유하기 시작합니다.

시골에서 살면 도시에서 사는 것보다 훨씬 쉽게 자연건강법을 체험할 수 있습니다. 3주 만에 건강해졌던 그분을 처음 모실 때 우리는 아무 계획도 없었습니다. 와서 우리처럼 살아보라고 했을 뿐입니다.

4
건강하게 살기 ❷

스스로 고친
오십견

어머니가 돌아가시고 오래지 않아 제 몸 두 곳이 눈에 띄게 고장을 일으켰습니다. 생활의 긴장이 풀려서인 듯했습니다. 하나는 이고 다른 하나는 어깨였습니다. 이는 의사 표현을 빌리자면 잇몸이 흐물흐물해졌다는 것이고, 어깨는 이른바 오십견이었습니다.

 이는 뾰족한 수가 없어서 치과에 다니기로 했고 왼쪽 어깨는 자가 수리(?)를 시도했습니다. 의사도 아닌 제가 이런 결정을 한 데는 제 나름의 믿음이 있었기 때문입니다. 외과의사인 김현정의 《의사는 수술 받지

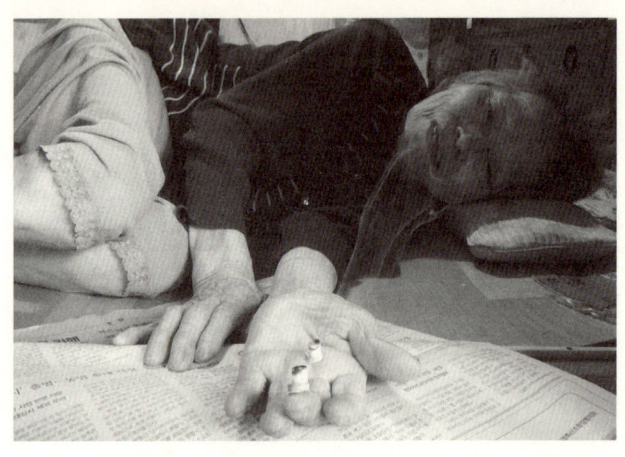
어머니에게 가끔 이렇게 손에 뜸을 놓아드렸다.

않는다》(느리게읽기 2012)는 책을 주의 깊게 읽었고, 친구이자 가정의학과 전문의인 임동규의《내 몸이 최고의 의사다》(에디터 2011)도 크게 공감하며 읽어서입니다. 임동규는 우리 지역에 모셔서 강의를 듣기도 했습니다. 또 아내의 소개로 황윤권의《내 몸 아프지 않은 습관》(에이미팩토리 2013)을 읽어서이기도 했습니다.

외과의사인 황윤권의 책에는 오십견에 대한 설명과 처방이 아주 자세히 나와 있는데 크게 믿음이 가는 내용이었습니다. 요약하면 이렇습니다. '당신은 오십견이 올 만한 생활을 했다. 수술할 생각 말고 몸 회복을 위해 그 장구한 세월만큼 시간과 노력을 투자하라. 뼈가 부서지는 고통이 오는 걸 감수하고 두드려라. 여러 가지 어깨관절 운동을 하라' 등이었습니다.

그야말로 스스로 고통을 만드는 지난한 세월이 시작되었습니다. 책에 나와 있는 대로 어깨관절이 있는 그곳을 반복해서 치기 시작했습니

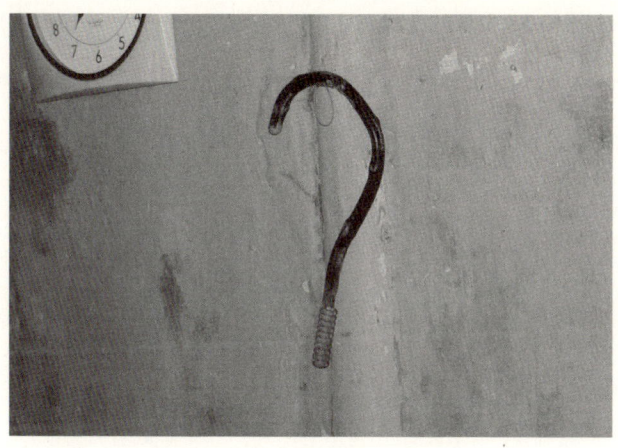
어깨 자가 수리에 쓰인 '등 누르기 갈고리'

다. 주먹으로도 치고, 오른손가락 5개를 모아 세워서 쪼듯이 치기도 했습니다. 어깨 뒤쪽은 책에서 가르쳐준 대로 '등 누르기 갈고리'로 걸고 잡아당겼습니다. 관록 있는 요가 지도자인 아내가 가르쳐준 동작들도 곁들여 했습니다.

이들은 엄청난 고통을 수반했습니다. 좀 심하게 했을 때는 왼쪽 어깨는 물론이고 몸 왼편이 송두리째 무너져 내리는 통증이 따랐습니다. 산에 송이버섯 따러 갔을 때 미끄러지면서 나뭇가지를 잡았다가 어깨가 떨어져나가는 고통에 한참을 땅에서 뒹굴기도 했습니다.

그런데 묘한 것은 통증은 강해도 그것이 지속되는 시간은 길어야 1분 안팎이라는 점입니다. 팔 젖히기와 어깨 비틀기, 등 뒤로 팔을 돌려 양손으로 수건 잡고 지그시 당기기 등 여러 어깨관절 운동을 했습니다.

두어 달을 열심히 해도 별 진전이 없었습니다. 물론 책에도 금방 호전되는 건 아니라고 되어 있지만 걱정이 돼서 한의원에 찾아갔습니다.

그랬더니 처방은 사혈과 온찜질뿐이었습니다. 그 뒤로는 집에 있는 사혈 침을 이용해 아침저녁으로 직접 피를 뽑았습니다. 부항으로 빨려나오는 피는 굳어서 덩어리진 것이었습니다. 석회화된 어깨 피라서 그러나 싶었습니다.

목욕탕에서 냉온욕을 하면 어깨관절 운동 범위가 눈에 띄게 커졌기 때문에 목욕탕 안의 적당한 장소에서 고난도 어깨관절 요가 동작을 했습니다. 지그시 비틀고 그 자세를 유지하면 야릇한 쾌감 같은 것도 생겼습니다. 회복에 탄력이 붙기 시작했습니다. 재미도 났습니다.

어깨관절은 다른 관절보다 구조가 아주 복잡하고 운동 범위가 매우 넓다는 것을 알게 되고는 노력을 더 기울였습니다. 3~4개월이나 되었을까요? 팔이 돌아가는 각도가 점점 커지기 시작했고 등 뒤로 올라가는 손가락 위치도 높아졌습니다. 이때 문득 든 생각이 단식이었습니다. 단식을 하면 몸이 훨씬 유연해지고 동작 범위가 커지는 경험을 여러 번 했기에 적당한 기회를 노리다가 충남 서산의 어느 절에서 '아난다마르가'라는 명상 단체에서 진행하는 과일 단식 수련을 갔습니다.

어떤 자세가 어깨관절에 문제를 불러왔는지 점검하고 그런 자세를 고쳐나갔습니다. 별것 아니었습니다. 반대 자세를 꾸준히 하는 것이었습니다. 김철의 《몸의 혁명》(백산서당 2005)에 나오듯이 가슴을 내밀고 어깨를 쫙 펴는 자세입니다. 양손을 허리 뒤에서 깍지를 끼고 쭉 뻗는 동작이 도움이 됩니다. 철봉에 매달리기도 대단히 효과적이고요.

반년쯤 지나자 거의 회복되었습니다. 못 쓰던 어깨가 살아난 것입니다. 참으로 길고 긴 세월이었습니다. '내가 망가뜨린 몸, 내가 수리했다'는 자부심이 생겨났습니다.

건강을 지키는 데 도움이 되는 책들

내 몸 아프지 않은 습관
― 척추, 관절, 허리, 일상의 통증을 이기는 법
황윤권 글·그림 | 에이미팩토리 펴냄 | 2013년

의사는 수술 받지 않는다
― 현직 정형외과 의사가 들려주는 유쾌 상쾌 통쾌한 촌철살인 의료사용가이드
김현정 글·그림 | 느리게읽기 펴냄 | 2012년

내 몸이 최고의 의사다
― 감기부터 암까지 병원 안 가고 낫는 법
임동규 지음 | 에디터 펴냄 | 2011년

새로운 의학, 새로운 삶
오홍근·전세일·전홍준 엮음 | 창비 펴냄 | 2000년

몸의 혁명
김철 지음 | 백산서당 펴냄 | 2005년

사람을 살리는 단식
장두석 편저 | 정신세계사 펴냄 | 1993년

병 안 걸리는 식사법, 현미밥채식
― 편식으로 병을 고치는 의사 황성수의 식탁 개혁 프로젝트
황성수 지음 | 페가수스 펴냄 | 2009년

육식의 종말
제러미 리프킨 지음 | 신현승 옮김 | 시공사 펴냄 | 2002년

5
감사히 먹고살기

생명의 밥상
'감사식'

서양 사람들이 '빵과 자유'를 말할 때 '빵'이 여러 의미를 지니듯이 우리가 말하는 '밥'도 꼭 쌀로 지은 밥만을 뜻하지 않습니다. 먹을거리 모두를 뭉뚱그려서 밥이라고 할 때가 많지요. '밥 먹자. 밥이 보약이다. 밥 한 끼 사라'에서처럼요. 그리고 밥은 생계 수단을 가리키기도 하고 사람의 성정을 표현하기도 합니다. '밥벌이가 좋다. 밥줄 떨어졌다. 쟤는 밥맛없어. 밥값도 못 하는 놈'에서처럼요. 그럼 시골살이를 하고부터 제가 밥상을 어떻게 차리고 대했는가, 이에 대해 이야기해보겠습니다.

내 몸 수고 않고 밥상을 받는 황송함

밥상을 받는다는 것은 영광입니다. 기적입니다. 밥 한 상이 내 앞에 놓인다는 것은 풀 수 없는 수수께끼입니다. 대자연과 무수한 사람이 적극 개입할 때 가능한 일이기 때문입니다. 물과 기온, 에너지와 차량까지 참여해서 비로소 밥상이 완성됩니다. 어느 한 가지만 틀어져도 지금 이 밥상이 아니게 됩니다. 돈 몇천 원이면 밥상 앞에 앉을 수 있다고 생각하면 큰 오산입니다.

하루 꼬박 세 차례 밥상 차리는 일을 반년쯤 하고 처음으로 남이 해준 밥상을 받아본 적이 있습니다. 2007년 6월쯤이었습니다. 이때 실감했습니다. 제 몸의 수고 없이 밥상을 받는다는 게 얼마나 황송하고 고마운 일인지를요. 밥때가 되면 그냥 식탁으로 가서 차려놓은 밥상을 받았는데 그리 편할 수가 없었습니다. 반찬거리 걱정으로 지내다가 끼니마다 다른 반찬이 올라오는 밥상이 무지 감사했습니다. 어머니를 모시던 초기 얘기입니다. 어머니랑 같이 가서 일주일을 쉬고는 그 집을 떠나오면서 보니 제 볼에 살이 오르고 얼굴이 활짝 피었습니다. 밥해주신 분에게 큰절을 올리고 왔습니다. 그 뒤로 저는 가장 훌륭한 밥상, 가장 살아있는 생명의 밥상은 감사하는 마음으로 먹는 음식이라고 여기게 되었습니다. 재료가 좋고 요리 솜씨가 뛰어나도, 고마워하며 감사하는 마음으로 먹는 것만 못합니다. 감사하며 꼭꼭 씹어서 음미하듯 삼키면 그게 바로 보약이 됩니다. 생명입니다. 생채식이다, 현미식이다, 소식이다, 오래 씹는다는 등 건강한 식사에 대한 소중한 기준과 원칙 들이 있지만 감사식이야말로 가장 먼저 꼽는 제 원칙입니다. 제 생명의 직접적인 원천이 밥 한 그릇일진대 감사식이 우선할 수밖에 없습니다.

감사식에 충실하려면 감사의 대상이 분명해야 합니다. 음식의 원재료는 누가 만들었고 어디에서 왔으며 누가 밥상을 차렸는지를 알면 좋습니다. 막연하고 추상적인 '하나님 아버지'가 대상이라면 부족합니다. '햇볕과 비바람과 물과 공기와, 노고를 아끼지 않은 많은 농부님들'이라는 감사도 하나마나입니다. 감사식은 밥상 공동체 안에서 가장 온전해질 수 있습니다. 누가 재배했고 누가 옮겼고 누가 다듬었는지를 아는 밥상이 최고의 밥상입니다. 실명 관계, 근거리 음식이 감사식의 필수가 됩니다. 익명의 음식은 추상적 감사에 머물게 합니다. 야마기시 공동체에서 하는 감사식을 또렷하게 기억합니다. 모임에 참석한 신입 회원 소개하듯이 의인화하여 음식 하나하나를 소개합니다.

남이 아닌 내가 차리는 생명의 밥상

우리 집 밥상에는 낯선 음식이 거의 없습니다. 소속과 출처가 분명한 음식들입니다. 귀농 초기에 밭농사부터 시작했다가 논농사로 농사를 확대하면서 밥상을 채우는 음식의 자급률이 점점 높아갔습니다. 밥상 위 음식들의 자급률, 곧 자기 노동의 결과물이 차지하는 비율이 높아야 한다는 것이 밥상 차리기의 두 번째 원칙입니다. 자신이 기른 작물이 많을수록 생명의 밥상이라고 봅니다.

농작물이 밥이 되는 과정의 자기 참여도가 어느 정도인지도 중요합니다. 이것이 높은 것을 자급식이라 하겠습니다. 직접식이라고 해도 되겠지요. 밥상이 차려지기 위해 필요한 여러 요소들, 예컨대 에너지와 물과 요리와 설거지까지, 이 모든 것의 수급과 진행에 자기 참여가 많을수록 좋은 밥상입니다. 그래서 사 먹는 밥은 유기농 채식 뷔페라 한들 먹고 나면

영양식 도시락을 위해 볶고 있는 곡식

든든하지가 않아 저는 늘 집을 나설 때는 도시락을 싸 가지고 다닙니다.

도시락으로는 볶은 곡식이 최고입니다. 현미를 중심으로 오곡과 검정콩까지 같이 볶은 곡식은 물만 있으면 훌륭한 영양식 도시락이 됩니다. 보관하기 좋고 운반하기도 좋습니다. 외출할 때 가방 안에 볶은 곡식이 지갑보다 먼저 자리 잡습니다. 볶은 곡식 만드는 오묘한 원리가 있습니다. 그냥 프라이팬에 덜덜 볶아서는 안 됩니다. 저는 《홍영선의 볶은 곡식 밥상》(화남 2011)이라는 책을 보고 만들어 먹습니다. 찌듯이 하여 말린 다음 볶아야 합니다.

언젠가 학교 단체 급식을 반대한다고 주장한 적이 있습니다. 그것이 서울시장 자리를 걸고 논란이 되었던 무상급식이라 해도, 지역의 유기농작물로 하는 것이라 해도 반대한다고 했습니다. 도시락을 싸 가서 먹을 수 있도록 학교나 가정생활을 바꾸는 원대한 목표를 포기하지 않고 서야, 무상급식을 하더라도 제 주장은 마찬가지입니다.

　자기 밥상은 자기가 차리는 것이 좋습니다. 각종 식중독 사고와 불량 발암물질 음식에 대한 논란은 우리 밥상이 자급식에서 너무도 멀리 떨어진 데서부터 생긴 일이라 하겠습니다. 흔히 밥상머리 교육이라는 것도 이 자급식이라는 원칙에서 돌아봐야 할 것입니다. 우리 집에 체험학습 온 친구들을 산에 풀어놓고 한 끼 먹을거리를 각자 장만해서 점심은 그것으로 먹기로 했던 적이 있습니다. 결과는 참으로 참담했습니다. 먹을거리가 지천에 널렸는데도 점심을 굶어야 했습니다. 자급식 능력을 갖추는 것, 소중한 교육입니다. 밥을 떠먹여주는 경우는 환자뿐입니다. 자급식에서 멀어진 딱 그만큼 환자에 가까이 다가가 있다고 여깁시다.

유기농 식재료를 되도록 조리하지 않고

제법 제철 자연농사에 익숙해진 때였습니다. 자연재배 농작물의 맛과 기운을 책이나 말이 아니라 입맛만으로도 잘 느끼게 되었는데 이때는 밖에서 식당 밥을 먹게 되면 확 풍기는 조미료 냄새와 자극적인 양념 맛에 인상을 찌푸리곤 했습니다. 이 당시에 어떤 친구로부터 엉뚱한 소리를 듣게 되었습니다.

　굳이 유기농작물을 안 먹고 일반 농작물을 먹어도 마음을 제대로 쓰면 아무 문제 없다는 것이었습니다. 입으로 들어가는 음식이 오염되어 있더라도 제대로 수련하고 마음만 바로 가지면 된다는 주장. 친구의 주장이 아니고 친구의 말이 입학한 어느 대안중학교에서 그렇게 말하더라는 것입니다. 그 학교는 유기농이니 자연농이니 안 가리고 시장에서 일반 농작물을 사다가 학생들 밥을 해준다고 했습니다. 대학 때부터 같은 운동 단체에서 활동했던 믿을 만한 후배가 설립한 학교라서 딸을 보냈다는 그 친구는 농사꾼인 제게 그 말이 맞느냐고 물었습니다.

과연 마음만 제대로 가진다면 뭘 먹어도 될까요? 틀렸다고는 할 수 없지만 맞는 말이라고 할 수 없습니다. 위에서 첫 번째로 언급한 감사식과 유사한 말로 여길 수 있습니다. 마음은 우주 만물을 조직하고 운영하는 주체라서 유기농이니 화학농이니 하는 것을 뛰어넘을 수 있다고 생각합니다. 모든 존재는 형상 없음으로부터 시작되어 존재의 적극적 표현이 물질을 구성하고, 소극적 표현은 형상 없음에 머문다는 해월 선생의 가르침을 굳게 믿고 있는 저로서는 마음만 잘 지닌다면(존재의 적극성과 소극성을 자유자재로 할 수 있다면) 화학 농작물을 먹어도 탈이 없을 거라고 생각합니다. 그러나 그것을 일반화할 수는 없습니다.

자연식이어야 건강한 밥상이라고 하는 것은 단순히 식재료의 유기재배 여부만을 말하지는 않습니다. 자연식 밥상이라고 하면 재료만 갖춘 걸 떠올리기 쉬운데, 유기농(자연농) 식재료는 당연한 얘기고 여기에다 두 가지를 덧붙여야 합니다. 먼저, 요리를 하지 않거나 최소화해서 먹는 것이 자연식입니다. 요리를 최소화한다? 생채식이라고 이해하면 되겠습니다. 장두석 선생의 《사람을 살리는 생채식》(정신세계사 1997)과 《헬렌 니어링의 소박한 밥상》(디자인하우스 2001)에 잘 안내되어 있습니다.

이렇게 해야 누구나 강조하는 소식이 가능합니다. 생채식은 음식이 거칠 뿐만 아니라 맛이 혀를 유혹하는 법이 없어서 많이 먹지 않게 됩니다. 반면 요리를 하면 음식이 부드럽고 달고 고소합니다. 그게 요리의 변함없는 목표인데, 그러면 제대로 씹지도 않은 채 삼키게 되고 많이 먹게 됩니다. 이는 건강에 치명적입니다. 요리 과정이 요란해지면 건강한 식사 원칙을 정면으로 거스르게 되는 셈입니다. 오래 씹고 적게 먹고 첨가물이 없어야 하는 자연식은 농장에서 거둬들이는 형태 그대로 먹는 것입니다. 밭에서 일하다가 막걸리 한 잔에, 곁에 있는 풋고추나 깻잎을 안주 삼아 먹으면 생기 넘치는 기운을 느낄 수 있습니다. 된장에 찍어 가지나 호박, 콩도 생으로 먹을 수 있습니다. 솔잎도 된장에 찍어 먹으면 맛있습니다.

밥주머니 채우는 바보는 되지 말자

'바보'의 어원이 '밥보'라고 합니다. 밥 채우는 통이라는 뜻일 것입니다. 줄이자면 밥통입니다. 또는 밥주머니. 자동차에 주유하듯이, 밥을 에너지 원료처럼 넣어 배를 채울 수는 없는 노릇입니다.

야마기시 공동체의 감사식

야마기시 공동체에서는 끼니 시간에 모두가 밥상에 둘러앉으면 음식을 먹기 전에 안내자가 밥상 위에 오른 음식을 소개하기 시작한다. 마치 어떤 모임에서 진행자가 참석자를 한 분씩 소개하듯이 음식 하나하나의 이력과 관계자를 자세히 소개한다. "이 김치는 ○○ 님이 가져온 것으로, 배추를 몇 월에 어디에 심었는데, 모종을 사서 심은 게 아니고 배추 씨앗을 심어서 직파재배로 키운 것이다. 풀도 매고 벌레도 잡아가면서 키워서 오늘 아침에 뽑아 온 것을 ○○ 님이 정성껏 김치로 담근 것이다." 이런 식이다.

교회 다니는 사람들이 밥상 앞에서 '오늘도 일용할 음식을 주시고 저희가 나누어 먹을 수 있게 해주신 하나님 은혜에 감사합니다. 이 음식을 먹고 은혜가 충만해서 하나님 사업의 역군이 되고……' 하는 상투적인 기도가 아니다. 구체적이고 생생한 사실을 기준으로 음식 기도를 하는 것이다. 그러고는 소개 내용의 당사자가 그 자리에 있으면 내용을 덧붙이기도 한다. 두 눈 멀쩡하게 뜨고 하는 음식 기도다. 이렇듯 음식에 대해 아주 구체적으로 알고 먹으니까 음식과 그 음식을 먹는 사람의 몸이 훨씬 친숙해지고 감사하는 마음이 절로 일어난다.

3부

농사짓기

농사는 작물들이 알아서

1
농업 이해하기

농민이
사라졌다

1994년 여름, 귀농해서 농사를 처음 시작할 때는 제 나름대로 자신이 있었습니다. 고등학생 때까지 시골에서 살았을 뿐 아니라 공부보다 농사가 본업인 양 일을 '쌔 빠지게' 하면서 자라서입니다. 중학생 때 이미 소 쟁기질까지 해봤고, 심기, 가꾸기, 거둬들이기에서 저장 살림까지도 곁에서 다 보면서 자랐습니다. 제 머릿속에는 1970년대 초·중반 농촌의 농사와 일상이 농업의 전형으로 굳어 있었습니다.

그러나 천만의 말씀이었습니다. 15년여 만에 와서 보니 시골 농사일은 하늘과 땅만큼 달라져 있었습니다. 기계가 일을 다 했습니다. 웬만한 건 농협에서 사다 했고 멀칭, 수도작, 도포, 조사료, 산물벼 등등 처음 듣는 말이 수두룩했습니다. 직접 농사를 지으려니 모든 게 서툴렀습니다. 또한 농사를 제대로 할 줄 아는 것과는 전혀 다른 영역이 있었으니, 한국 농업에 대해 식견을 갖추는 일이었습니다.

〈농민신문〉과 〈정농회보〉는 다르다

'세 살 버릇 여든까지 간다'는 게 괜한 말이 아니라고 생각합니다. 어릴 때 했던 농사가 그랬고, 귀농 직전에 야마기시 공동체 농장 체험을 했던 바도 있어서 현대 화학농법에 대해서는 어쩐지 거부감이 커서 호미와 괭이로만 농사를 시작했습니다. 야마기시 공동체는 "닭 님, 아침 가져왔습니다"라고 말씀드리고(!) 닭장 문에 노크하고 들어가는 걸로 유명한 곳입니다.

농협에 조합원으로 가입하자마자 주 2회 발행하는 〈농민신문〉과 《디지털농업》이라는 월간지를 보내주어서 농사에 대해 폭넓은 소식을 접하게 되었습니다. 정부의 농업정책과 다른 지역 농사 소식을 접하는 창구가 되었습니다. 《디지털농업》에서는 첨단 농사기법과 신소재들, 그리고 우수 농부 사례가 총천연색으로 실렸습니다. 그러나 제가 하는 농사와는 딴판이었고 제 관심 분야는 별로 없었습니다.

그러던 차에 1997년, 전국귀농운동본부에서 하는 귀농학교에 가게 되었습니다. 두 달 과정인데 연거푸 두 차례나 교육을 받았고, 2001년에 5박 6일 합숙교육을 또 받았습니다. 2002년에는 '우리 쌀 지키기 100인 100일 걷기 운동'에 사이버 단장으로 참여했습니다. 잠시지만 전산학과를 다녔기 때문에 그 실력을 살려 직접 사이트를 구축했고 사이버 모금으로 큰 성과를 올리기도 했습니다. 이걸 계기로 40년 전통의 유기농업 단체 '정농회'에 가입했습니다. 정농회에 가서 놀랍게도 고등학교 이사장이셨던 고 원경선 선생님을 만나기도 했습니다.

그래서 〈정농회보〉를 받아 보게 되었습니다. 〈농민신문〉과는 전혀 달랐습니다. 정농회 총회나 교육 프로그램 역시 〈농민신문〉이나 《디지털 농업》과는 시각이 완전히 달랐습니다. 이즈음에는 전국농민회에서 발행하는 〈농정신문〉도 보고 〈한국농어민신문〉도 봤습니다. 진보적 농경제학자 박진도 교수 중심의 '지역재단'에도 회원으로 가입해 활동했습니다. 전국귀농운동본부에서는 이사를 거쳐 공동대표가 되었습니다.

이런 과정은 자연스레 농사가 도대체 무엇인가 새겨보게 했습니다. 농업을 어떻게 바라봐야 하는지, 왜 우리나라 농촌은 갈수록 피폐해지는지, 온갖 농업정책이 시도되고 농업에 예산이 십 수조씩 투여되지만 왜 농가 살림은 나아지지 않는지…….

농민이 사라지고 없다는 걸 발견하게 되었습니다. 1970년대 초반에 65%를 차지하던 농업인구가 2010년대에 이르러 7%대 이하로 주저앉았다는 말을 하려는 게 아닙니다. '농민이 없다'는 것은 다른 차원의 얘기입니다. 농업이 짜부라진 근원에 대해 말하려는 것입니다. 모든 원인의 원인이라고나 할까요?

농사와 농업, 농민과 농업경영인은 다르다

'농민'이라는 말은 대단히 과학적인 용어입니다. 개체로서 농사하는 사람이기도 하고, 천하의 근본을 이루는 군집이기도 합니다. 농민 개념은

한 사람, 한 사람을 주체로 세웁니다. 농사를 많이 하건 적게 하건, 머슴살이건 자작농이건 다 포괄합니다.

농민이 사라진 자리에 농업인이 등장했습니다. 최근에는 농업경영인이라고 표현합니다. 농업인과 농민은 다릅니다. 농업경영인은 전통적인 농민과 개념이나 역할이 전혀 다릅니다. 계급성이 없고, 사적 이익을 최대화하는 것이 삶의 가장 큰 목표인 사업주에 불과합니다.

더구나 최근에는 농민에게 농업경영체 등록을 하게 합니다. 그래야만 면세유도 주고 비료나 농자재를 살 때 부가세 혜택도 줍니다. 그동안에도 일정한 자격 요건을 갖춘 농민에게 지원해주던 것들인데 2~3년 전부터 농업경영체라는 기업류의 명칭을 만들어 붙인 것입니다. 대한민국이 세워지고 나서 이승만에서부터 박근혜에 이르기까지, 민주정부였던 김대중과 노무현 때도 전혀 다르지 않은 게 바로 이것입니다. 농민을 사라지게 한 것입니다. '개방농정'과 '농업의 시장경쟁력' 논리입니다.

개방농정이라 함은 농작물 수입 자유화이고 농업의 시장경쟁력이라 함은 돈벌이 농사를 말합니다. 자유, 참 좋은 말입니다. 자유를 위해 피 흘린 세월이 얼마였던가요. 이런 숭고한 단어를, 재벌 배 불리고 농민 압박하는 농작물 수입에다 붙인 것 자체가 언어도단입니다.

돈 되는 농사, 연 1억 이상 소득을 올리는 농업(경영)인이 되는 게 농사짓는 사람들 대다수의 꿈이 되고 있습니다. 또한 농촌 지역 행정의 목표입니다. 인공적인 약품으로 농사를 짓다 못해 이제는 아예 빌딩농업이라 해서 농장의 공장화를 거의 완성 단계에 이르게 했습니다.

원래 농촌은 산과 들, 사람, 농사, 가축까지 아우르는 개념입니다. 농업기술센터는 이 모든 것을 화학, 기계, 전자, 정보, 건축의 기술 문제로 전환시켰습니다. 국제 교역상 비교 우위 논리로 농사를 바라봅니다. 농민은 더 이상 천심의 대변자가 아닙니다. 농사는 더 이상 천하의 근본도 아닙니다. 오직 기술의 문제이고 화학실 과학의 문제로 전락했습니다. 토지와 사람은 생산비를 구성하는 요소에 불과합니다. 이것이 한국 농업의 적나라한 현주소입니다. 농민이 사라진 것입니다.

어떤 정부가 들어서도 식량자급률이 계속 내려간 이유가 여기에 있으며, 어떤 정책이 나와도 농민은 줄고 도농 간 소득 격차가 날로 커진 근본 원인이 여기에 있습니다. 소득의 규모는 늘었지만 농자재와 농기계 구입에 빚이 늘어만 간 이유가 여기에 있습니다. 시위를 벌이던 농민이 진압경찰에 맞아 죽는 일이 노무현 정부에서 일어난 배경도 바로 이것입니다.

최근에 농촌진흥청에서 유전자조작(GM) 벼를 만들어냈습니다. 민간 기업도 아니고 정부기관에서 벼물 바구미 저항성 유전자조작 벼를 만들어냈다는 것은 전 세계 어느 나라에서도 하지 않는 짓입니다. 유전자조작 벼의 등장은 생명체를 공공연히 조작의 대상으로 삼은 것이며, 우리 주식인 쌀의 유전자까지 동물성 유전자를 뽑아 넣어 조작했다는 것은 심각하다 못해 끔찍한 일입니다. 세계 어떤 나라도 주식이 되는 곡물의 유전자를 조작하여 재배하지 않습니다.

동학농민혁명과 자급농민

120여 년 전 갑오년에 동학농민들은 목숨을 내놓았습니다. 당시의 요구를 요즘 말로 하자면 국정원 개혁, 외세 배격 민족 자주, 남북 교류 화

유전자조작 벼를 개발 중인 농촌진흥청 앞에서 GMO 반대 집회를 열고 있는 농민들

해, 부패 공직자 처단, 농민 자치 등입니다. 실제 전주성을 함락한 뒤 집강소를 만들어 농민 스스로 권력을 행사했습니다.

운전을 하기 위해서는 도로교통법을 익히고 강을 건너기 위해서는 배를 타야 한다는 걸 압니다. 그러나 농사를 짓기 위해서는 농업 현실과 농민운동사, 식량 주권 문제와 정부의 농업정책을 알아야만 한다고 여기지 않는 것 같습니다. 돈 되는 농사, 지원과 보조금이 많은 농사를 찾기에 바쁜 현실입니다.

120여 년 전 동학농민군처럼 무력 투쟁을 할 수는 없습니다. 그것은 망상입니다. 다만 자력 자강, 자생 자급쯤은 해야 선대 농민들에게 부끄럽지 않을 것입니다. 외세에 의존하지 않는 것은 물론이려니와 정부에도 의지하지 않고 우선 스스로 바로 서고 함께 집단을 이뤄 자급 공동체를 이루어서, 쌀 한 톨 생산하지 않는 사람들이 돈 보따리를 들고서도 배가 고파 아쉬운 소리를 하는 날을 만들어야 할 것입니다.

생태농업이나 친환경적 삶과 세상 인식에 도움이 되는 매체들

전국귀농운동본부의 계간 《귀농통문》
구독 문의: 031-408-4080 / tongmoon.org

정농회의 반년간 〈정농회보〉
구독 문의: 041-631-2145 / cafe.daum.net/jeongnong

한살림의 월간 《살림이야기》
구독 문의: 02-6931-3612 / www.salimstory.net

녹색연합의 월간 《작은것이 아름답다》
구독 문의: 02-744-9074~5 / jaga.or.kr

환경운동연합의 월간 《함께 사는 길》
구독 문의: 02-730-1326 / www.hamgil.or.kr

2
작물 기르기

사람도 작물도
제 힘으로
자라게 해야

어릴 때 시골에서 자라 어깨너머로 농사를 구경해본 사람일지라도 막상 직접 농사를 짓게 되면 부산을 떨기 마련입니다. 어떤 씨앗을 언제, 어떻게 심어야 하는지 만날 옆집 할아버지한테 물어보거나, 옆 논밭에 심어진 작물들이 싹이 난 뒤에야 한발 늦게 뭘 심느라고 야단입니다. '백문이 불여일견'이라고 백 번 듣는 것보다 한 번 보는 게 낫다고 하지만, 백 번 봤더라도 직접 해보려고 하면 또 다릅니다.

 농사일은 구경 한번 안 해본 사람이 귀농하려면 가장 막막한 게 바로 이것입니다. 농사를 어떻게 지어야 하는지 말입니다.

작물과 땅, 작물과 작물의 '궁합 보기'

쉽게 하는 말로 "하다 안 되면 시골에 가서 농사나 짓지"라고 하지만, 그게 말처럼 쉽지 않습니다. 언제 뭘 심는지가 첫째 과제라면, 작물에 따라 간격이나 깊이를 맞추는 것이 둘째 과제입니다. 밭이랑을 만드는 방법이 작물에 따라 다르기 때문입니다. 여기서 잘못되면 키우는 과정에서 애를 먹습니다. 북주기나 풀매기 등에서 힘이 듭니다.

셋째 과제는 뭘까요? 궁합입니다. 작물과 땅의 궁합입니다. 고구마를 심는 땅과 땅콩을 심는 땅은 전혀 다릅니다. 초여름에 마늘이나 양파를 캐내고 난 뒤에 뭘 심어야 할지 정하는 데 필요한 작물끼리의 궁합도 있습니다. 철에 맞는 작물을 고르고, 심을 땅을 정해서 적합한 방법으로 심는 것이 농사법입니다. 또 이어짓기(연작)를 피해야 하는 작물이 있고 섞어짓기(혼작)가 좋은 작물이 있습니다. 이렇게 파종과 관련된 것 외에 땅, 병충해, 잡초 등의 관리도 농사법의 큰 줄기입니다.

이 글만 보고 농사가 어려울 것 같다고 걱정하지는 말기 바랍니다. 모든 일은 기술과 정성, 이 두 가지가 조화를 이루어야 하는데 그중에서 하나를 고르라면 단연코 정성입니다. 농사와 생태적인 삶에 대한 극진한 정성과 사랑이 있으면 누구나 농사를 할 수 있습니다. 과정에서 시행착오가 빚어진다 해도 그것은 삶의 귀한 깨달음으로 연결될 것입니다. 시행착오와 힘듦이 깨달음으로 연결되느냐 아니면 체념과 불만이 되느냐는 건 전적으로 자신의 정성에 달렸다고 보면 됩니다. 전국귀농운동본부에서 귀농교육을 할 때 생태농업 철학을 비중 있게 다루는 이유도 여기에 있습니다. 현실을 외면한 관념 위주의 접근도 문제지만, 농사 기술에 대한 접근만 하면 자칫 방편과 목적을 뒤바뀌게 할 수 있기 때문입니다.

저도 시행착오를 겪었습니다. 귀농해서 첫해 농사를 지을 때가 떠오릅니다. 밭에서 호미로 맨 풀을 어쩌지 못해 결국 밭둑에 다 옮겨 심었습니다. 풀을 매긴 맸는데 뿌리 흙을 털어 땡볕 아래 뒤집어놓으려니, 풀을 죽이는 일을 스스로 납득할 수가 없었습니다. 돌아보면 우스운 얘기지만 농사에 임하는 이런 마음이 귀농을 후회하지 않고 지금까지 여기에 저를 있게 한 원동력이지 않을까 싶습니다.

그럼 이제 이야기를 구체적으로 해보겠습니다. 콩 농사를 이야기해보지요. 먼저 콩은 언제 심어야 할까요? 옆집 할아버지가 심을 때? 옆집에 할아버지가 없으면? 콩 종자 봉지에 표기되어 있는 때? 표기에 따르면 남부지방 언제, 중부지방 언제라고들 하지만 그 시기가 꼭 맞는 건 아닙니다. 위도로는 같은 남부지방이라 해도 지대의 높낮이가 다르면 심는 시기도 다릅니다. 지금 제가 사는 곳은 남부지방이지만 해발 600m나 되다 보니 거의 북부지방 기온입니다.

그럼 언제? 다른 식물의 꽃 피는 때나 그들의 생장과 맞추면 틀림없습니다. 양력은 물론이고 음력도 해에 따라 절기가 다릅니다. 찔레꽃이 피기 시작할 때 메주콩을 심습니다. 이때가 모내기 철입니다. 모내고 논두렁에 심는 게 바로 메주콩, 곧 흰콩입니다. 이것은 산에 사는 사람의 기준입니다. 감나무가 있는 남부지방에서는 감꽃 필 때 올콩인 완두콩을 심고, 감꽃 질 때 늦은 콩인 서리태를 심습니다. 이처럼 비교하는 식물이 다 다르지만 기후변화에 따라 절기가 조금씩 달라져도 주변 식물과 비교해 심으면 거의 맞게 됩니다.

저는 언젠가부터 콩 싹을 틔워 심습니다. 떡잎이 나고 본잎까지 나는 데 보통 보름 걸립니다. 싹을 틔워 심으면, 직파 때 싹이 안 터 생기는 빈자리가 없습니다. 무엇보다 풀 관리가 편합니다. 콩을 텃밭 모래땅에 배게 뿌려놓았다가 한 치 정도 자랐을 때 옮겨 심는데, 심기 전에 풀을 싹 매면 풀보다 콩이 자라는 속도가 빨라 풀 관리에 좋습니다. 그루갈이 (이모작)로 마늘을 캐내고 콩을 심을 경우, 콩 모종을 키울 동안 마늘을 실하게 만들 기간을 확보할 수 있습니다. 옮겨심기의 장점입니다. 줄을 치고 골을 타서 심으면 풀매기할 때 편합니다. 심을 당시에 두둑 위에서 2/3 지점 아래쪽에 심고, 첫 풀매기 할 때는 북주기를 겸하면 됩니다. 옆쪽 두둑의 흙을 끌어다 북을 주면 풀매기가 저절로 됩니다.

자연농을 하는 사람들은 풀매기를 힘들어합니다. 저는 '자연을 닮은 사람들'이라는 자연농법 연구회에서 배운 대로 호밀을 이용해 콩 농사를 했습니다. 농사 규모가 제법 커진 때라 당시에 인기를 끌던 다용도 파종기를 사 이것으로 콩도 심고 호밀도 심었습니다. 콩은 40cm 간격으로 꽤 널찍널찍하게 심고 골 간격은 거의 1m로 했습니다. 콩을 심기 훨씬 전에 골 사이에 호밀을 심어뒀고, 콩이 좀 자랐을 때쯤에는 예초기로 한 자쯤 자란 호밀을 쳐줬습니다. 화본과 작물이자 월동 작물인 호밀은 일찍부터 자라 주변 잡초를 제압했다가 장마철이 올 때쯤이면 생을 마감하는데, 이때면 콩이 왕성하게 자라 있습니다. 콩을 배게 심거나 순따주기를 못 하면 넝쿨이 뻗어나면서 콩 한 톨 못 건집니다.

병균도 벌레도 풀도 함께

병균과 벌레도 풀과 같습니다. 함께 가는 것이 자연농법의 원리입니다.

작물 사이를 넓게 띄워 심고, 비닐 대신 볏짚으로 덮기를 했다.

  온갖 벌레가 밭에 있는 게 정상입니다. 병균도 마찬가지입니다. 온갖 것이 다 섞여서 길항 관계를 형성하는 게 가장 바람직합니다. 배추를 포트에 키워 옮겨 심을 때에는 모기장을 쳐줍니다. 연한 잎을 벌레가 댕강댕강 잘라 먹기 때문입니다. 배추가 좀 자라고 나면 벌레들이 설쳐봐야 배추의 생명력만 왕성하게 할 뿐입니다. 배추가 자란 정도에 따라 목초액을 20배 액에서 200배 액까지 뿌려주면 효과가 있습니다.
  한 해는 벌레가 하도 심해서 매일같이 잡아도 배춧잎이 잠자리 날개처럼 되곤 했습니다. 오운육기(五運六氣)에 따라 벌레가 극성인 해가 있습니다. 아예 배추 농사를 포기했습니다. 그런데 며칠 뒤에 밭에 갔더니 배추 속잎이 감잎처럼 싱싱하고 단단하게 새로 자라 있었습니다.(잎 중에 가장 무성하고 두툼한 잎이 감잎과 고욤나무 잎입니다.) 끝내 벌레를 물리쳤던 것입니다. 배추를 쪽파와 같이 심어서 제법 효과를 본 적도 있습니다. 김장할 때 동무가 되는 것이라 심을 때도 나란히 한 줄씩 심었습니다. 파 냄새가 배추벌레를 쫓지 않았을까 싶습니다. 과학 이치에 딱 맞는지 확인하지는 않았지만, 농부가 그렇게 믿고 해보면 효과는 믿는 것과 비례한다는 게 제 22년 농사에서 체득한 원리입니다.

농법 중에 최고는 '하늘빛 감사 농법'입니다. 이것은 류인학 선생께서 강조하는 농법입니다. 지극한 하늘빛이 농작물에 가득 차 있는 것을 늘 의념하고, 기도하는 마음으로 그렇게 믿고 행동하는 농법입니다. 양자역학 원리처럼 숨겨진 다차원 공간을 염두에 둔다면, 이것이 대단한 과학이라 해도 절대 무리가 아닙니다.

제 고추 농사는 좀 색다릅니다. 1m 넘게 넓게 심고 그 사이에 해묵은 상추씨 등을 빼곡하게 뿌려 잡초가 못 자라게 합니다. 상추는 뽑아 먹기도 했고 여름철 장마에 절로 녹아 없어지기도 했지만, 풀은 이미 고추 그늘에 가려 맥을 못 추게 되었습니다.

모종은 꼭 노지에서 키운 것을 심는 것이 중요합니다. 이런 것들은 뿌리가 튼튼해서 건강하게 자랍니다. 사람한테 인간성이 중요하다면 식물은 뿌리가 중요합니다. 아주심기 뒤로 한 달 이상 지지대에 묶지 않는 것도 중요합니다.

쌀농사는 우렁이로만 지었습니다. 현미식초나 미싱유 등을 가끔 뿌려준 것 외에 아무것도 하지 않았고, 같은 벼과 식물인 갈대나 대나무를 꽂아서 힘을 북돋아줬습니다. 루돌프 슈타이너의 생명역동농법에 나오는 원리입니다. 이 또한 농부의 믿음이 더 크게 작용했으리라 봅니다. 이 얘기는 따로 다루기로 하지요.

농사는, 한마디로 하자면, 열악한 조건에서 제힘으로 자라게 하는 게 중요합니다. 사람이나 작물이나 많은 영양을 주려고 옆에서 계속 먹여주면 약해집니다. 그러면 열매를 많이 맺지만 병도 많을 뿐 아니라 한순간에 탄저병으로 싹쓸이됩니다.

좋은 농사법의 핵심은 뭘까요? 농사하는 모든 과정은 물론 마음가짐까지 자연과 가깝게 하는 것입니다. 현대 인류는 할 건 다 해본 셈입니다. 종자를 마음껏 쪼개고 붙이고 했고, 땅도 할 수 있는 모든 방법으로 주물렀습니다. 기계를 사용하고 화학물질도 넣어봤습니다. 그리고 그게 답이 아니라는 것을 뼈저리게 배웠습니다. 모진 대가를 치르고서야 하늘 무서운 줄 알았고, 스스로 돕는 자를 하늘이 돕는다는 결론으로 되돌아왔습니다. 해답은 끝내 자연으로 돌아가는 것입니다.

앞으로 우리가 정신 차리고 해야 하는 농사는 일찍이 우리 선조들이 했던 농사법입니다. 과학기술이 부족하고 사물의 이치를 몰라서 선조들이 그렇게 농사지은 것이 아닙니다. 그게 순리고 천리였습니다. 핵발전소처럼 더 큰 재앙을 뒤에 감추고 눈속임을 하거나 겉치레에 몰두하는 식의 농사로는 오래 못 갑니다.

풀 얘기는 따로 해야겠습니다.

콩 심은 데 풀 나고 팥 심은 데 풀 난다

풀을 매고 돌아서면 "용용 죽겠지?" 하듯이 풀이 불쑥 자라 있습니다. 장마철에는 하루만 손을 놓으면 농장이 밀림이 되어버립니다. 그래서 "콩 심은 데 풀 나고 팥 심은 데 풀 난다"는 말이 생기지 않았을까요? 농부가 풀과 신경전을 벌여 이기는 길은 딱 하나입니다. 때를 놓치지 않는 것입니다. 선수 치기, 북주기, 옮겨심기, 덮기, 베기 등으로 제초제를 안 쓰고 비닐멀칭을 안 하고도 할 수 있는 방법이 많습니다.

'잡초보다 먼저 땅 차지하기'. 그렇습니다. 잡초보다 먼저 땅을 차지해서 잡초가 들어올 자리를 없애는 것입니다.

저는 들깨 파종을 서너 번에 걸쳐서 합니다. 첫 번째로 왕창 뿌린 들깨는 줄기째 깻잎으로 따 먹고, 남은 들깨를 밭두렁이나 언덕배기 자투리땅에 옮겨 심습니다. 월동 작물인 마늘과 양파를 캐는 날에는 그곳에 두 번째 뿌린 들깨를 옮겨 심습니다. 빈 땅을 그냥 두면 바로 풀이 올라오니까 풀이 싹 틀 궁리를 하기 전에 먼저 땅을 차지해야 합니다. 마늘이나 양파를 캐면서 풀을 매기 때문에 바로 옮겨 심은 들깨가 먼저 땅을 차지하기 쉽습니다.

심을 때도 지나칠 정도로 배게 심습니다. 이 역시 땅을 잡초보다 먼저 차지하기 위해서입니다. 배게 심었다가 무성해지면 듬성듬성 몸통째 잘라내서 무쳐 먹기도 하고 뒤늦게 감자 캐는 자리에다 옮겨 심기도 합니다. 두세 번에 걸쳐 캐는 감자밭은 서너 번째 뿌린 들깨들 차지가 됩니다. 들깨 씨 두세 줌만 더 뿌린다고 생각하면 이렇게 잡초 관리용으로 요긴하게 쓰입니다.

여러 번에 걸쳐 씨를 뿌리는 건 수월하게 일하기 위해서입니다. 들깨는 딱 한 뼘 이내에 옮겨야 착근율도 좋고 일하기가 편합니다. 길게 자라면 일하기가 아주 고약합니다. 땅도 깊게 파야 하고 줄기를 눕혀야 하니까 그렇습니다. 옮겨 심을 때 잔뿌리도 상합니다.

가을에 호밀을 뿌리는 것도 '선수 쳐 풀 잡기' 농사법에 속합니다. 사료용으로 쓰는 호밀은 축협에 신청하면 싸게 살 수 있습니다. 잡초가 올라오기 시작하는 4월이면 이미 호밀이 시퍼렇게 자랍니다. 낫으로 베어 쓰러뜨리고 고추나 가지, 토마토 등을 심으면 땅에는 잡초가 올라올 틈새가 없습니다. 호밀은 6월이 되면 결실기가 되어 한생을 마치고 고스러지면서 온통 땅을 덮습니다. 콩 심을 곳에도 호밀 또는 그 잔해물로 잡초를 제압할 수 있습니다.

고추나 들깨처럼 옮겨심기를 하는 작물은 옮겨심기 전에 밭을 깨끗이 매니까 이미 자란 상태의 모종들과 새로 발아해야 하는 풀은 경쟁이 안 됩니다. 그래서 참깨나 감자까지도 옮겨심기를 하게 되는데 이때 잘 판단해야 합니다. 풀을 잡기는 좋지만 직파보다는 일이 두 배로 많아지기 때문입니다.

잡초를 이기는 북주기

잡초 덕에 옛 농사법을 많이 돌아보게 되는데 그게 바로 북주기입니다. 요즘은 북주기하는 농부가 없습니다. 거름이나 비료를 충분히 주고 비닐멀칭을 해버리니 북주기를 할 필요가 없고 하려도 할 수가 없습니다. 심어놓으면 물 관리나 하다가 캐러(따러) 가면 되니 농사가 참 편리해졌습니다. 자연농사에서 잡초를 이기는 훌륭한 방법이 북주기입니다. 북주기를 하려면 심을 때부터 옛 방식을 따라야 합니다.

요즘은 대개 두둑을 크게 만들고 꺼먼 비닐을 씌운 다음 감자건 고구마건 구멍을 뚫어 심습니다. 비닐멀칭을 하면 생육도 빨라지고 잡초도 안 나게 하지만 피해도 만만찮습니다. 비닐 쓰레기가 생기는 건 물론, 통기에도 문제가 있고 잔뿌리 병해도 생깁니다.

그러면 북주기 방식은 어떤 걸까요? 첫 단계는 두둑 옆면에 감자건 고구마를 심는 것입니다. 정중앙에 깊이 심는 화학농법과는 다릅니다. 밑거름을 넣은 밭에 두둑을 칠 때부터 두둑을 약간 경사지게 만듭니다.

그러고는 두둑 옆면에 얕게 심습니다. 심은 뒤 한 달 정도 지나서 작물이 제법 무성해지고 풀도 나기 시작하면 그때 북주기를 합니다. 옆 두둑의 아래쪽 흙을 끌어다 덮는 식입니다. 고구마건 감자건 참깨건 마찬가지입니다. 풀매기도 되고, 작물의 뿌리가 두툼하게 흙으로 덮여 활착이 빨라집니다. 두둑 옆구리에 심었던 작물은 북주기를 통해서 자연스레 두둑의 중앙으로 자리 이동을 하게 됩니다.

북주기를 하지 않는 곳은 무동력 농기구의 상징처럼 되어 많이 보급된 '풀밀어'나 '호미쟁기' 또는 '딸깍이' 등을 이용해 풀을 매면 아주 쉽습니다. 작물을 심을 때 띄어서 나란히 심어야 풀매기가 좋습니다.

또 다른 지혜, 베어 덮기

잡초는 뿌리째 뽑아 없애기보다 잘 관리하는 쪽으로 생각하는 게 좋습니다. 풀뿌리는 농지의 통기성을 좋게 하고 미생물에게 좋은 유기물이 됩니다. 그보다 중요한 것이 하나 더 있습니다. 이런 식으로 풀을 관리하면 풀이 작물의 건강성을 담보한다는 점입니다.

풀 관리가 작물의 건강성과 긴밀하다는 것은, 몇 해 전 어느 분이 고추 모종을 옮겨심기 전에 물도 안 주고 그늘에 한 이틀 방치하다시피 한다는 것을 알고서 깨닫게 되었습니다. 밑거름을 안 주는 것도 특이했습니다. 작물의 생명력을 키우기 위해서라고 하면서 잡초도 적절하게 유지한다는 것입니다. 풍족한 환경보다는 약간 부족한 환경이 생명력을 왕성하게 하고 잔뿌리도 많이 뻗게 한다는 것으로, 어쩜 그렇게 사람과 똑같은지 신기합니다.

제 경험에 따르면 고추 심을 곳에 호밀이나 상추의 씨를 잔뜩 뿌린다

무동력 농기구인 '바퀴호미'로 풀을 매는 모습

든가 고춧대를 처음부터 지지대에 묶지 않다가 나중에 고추가 달려서 휘어질 때 묶는 것은 고추를 튼튼하게 키우는 데 아주 좋습니다. 심자마자 묶으면 지상부가 쑥쑥 자라면서 뿌리가 허약해지지만, 안 묶인 채 옆에 경쟁 상대인 풀도 적당히 있을 때는 고추가 안 크고 땅땅해집니다. 그만큼 모든 역량을 뿌리에 집중한다는 것인데 식물은 뿌리가 튼튼해야 건강합니다.

7월에 접어들면 하루가 다르게 키가 자라기 때문에 걱정할 필요는 없습니다. 그러나 이 방법은 정교하게 관리할 때만 효과가 있습니다. 조금만 지나쳐도 해를 입습니다. 풀이 작물의 영양을 빼앗아가는 처지가 되어 작물이 영양생장 단계에서 제대로 못 자라면 결실이 나빠집니다.

요즘에는 시골 도로 옆에 베어놓은 풀이 많습니다. 지자체에서 풀을 베고 나서 그냥 방치합니다. 좀 말랐을 때 트럭에 싣고 와서 밭에 덮어주면 일석이조입니다. 풀도 안 나게 하고 거름도 됩니다. '탈핵 낫'으로 베면 예초기와 달리 풀이 바스라지지 않으니까 덮개용으로 고스란히 재활용할 수 있습니다.

비닐 대신 부직포나 보온재를 덮어도 풀을 억제하기 좋습니다. 빗물도 잘 스미고 배수도 잘되어 습해도 안 생깁니다. 통기성도 좋아서 비닐처럼 뿌리 장애도 없습니다.

자연농법을 배울 수 있는 단체
· 전통농업연구소 cafe.daum.net/tflab
· 홍성자연재배협동조합 cafe.naver.com/hncoop
· 토종종자모임 씨드림 cafe.daum.net/seedream
· 녹강 천연물농법 cafe.naver.com/happyparm
· 송광일의 자연재배 www.singgrown.com

3
자연농법

사람은 거들 뿐,
자연이 키운다

대형 농기계를 써서 사람의 수고를 최대한 줄이고, 때맞춰 농약과 비료를 살뜰하게 챙기면서 최대한 많이 수확하는 것. 일견 스마트해 보이는 이런 농사에는 땅도, 생명도 완전히 배제되고 오직 사람의 탐욕만이 있을 뿐입니다. 뭔가 더하지 않아도 자연 그 자체로 충분합니다.

농장의 공장화, 땅심의 고갈

이제까지 모든 농법은 힘은 덜 들이고 수확은 더 많이 하는 것에 기울어져 있었습니다. 대놓고 말하자면 돈 많이 버는 법을 농사에 끌어댄 것으로, 땅·병해충·풀 관리 방법이라 할 수 있습니다. 화학약품과 농기계를 마구잡이로 동원해 농업이 공업화되었고 농장은 공장처럼 변했습니다. 특히 농사용 화학약품은 자연생태계에는 없는 물질로, 분해도 잘 안되고 생태계를 교란하며 개체의 형질을 변형시킵니다. 2007년 농촌진흥청에 등록된 제초제만 해도 297개 품목에 418개 상표라고 합니다. 살충제와 살균제에 지베렐린 같은 성장촉진제, 카바릴수화제 같은 적과제(열매 솎는 농약) 등까지 생각하면 정말 끔찍합니다. 그 탓에 토지는 사막화되었고, 지하수는 물론 대기까지 오염되었습니다. 물속과 땅 위의 생물종들이 모두 화학물질의 피해를 보고 있습니다.

다큐멘터리 〈하늘에서 본 지구—피곤에 지친 지구의 토양〉을 보니 프랑스 보주와 카마르그 지방의 삼각주가 오랜 화학농업으로 완전히 망가져 있었습니다. 생산성만 추구하는 농법이 어떻게 땅심을 고갈시키는지 적나라하게 보여주었습니다. 심지어 뱀장어의 80%가 암에 걸려 있었습니다. 생물농축(유기오염물이 생물의 체내로 유입된 뒤 분해되지 않고 남아 있다가 먹이사슬을 통해 상위 개체로 전달되면서 오염 농도가 점점 짙어지는 현상) 때문입니다. 농사가 다원적 가치를 실현하면서 지구를 살리기는커녕 지구환경 파괴의 주범이 되어 버린 현실입니다.

자연농법의 3무 원칙: 무경운, 무비닐, 무투입

그래서 자연농법이 등장했습니다. 인간이 일부러 작물 재배에 이런저런 조작을 하지 않고 자연이 하는 것을 거드는 정도의 농사라고 보면 됩니다. 자연농법에서는 농기계로 땅을 관리하지 않고 아예 갈지 않는 쪽을 선택하는데, 자연농법의 첫 번째 원칙인 무경운(無耕耘)입니다. 대형 농기계로 땅을 갈면 경반층 또는 비독층이라고 하는 지면 30cm 밑의 땅을 돌멩이처럼 딱딱하게 해서 농사를 망칩니다. 땅을 갈지 않으면 장마에 물 빠짐도 좋고 가뭄도 덜 타며, 농사에 치명적인 토양의 염류 축적도 없습니다. 땅을 갈아엎는 이유는 땅속 흙을 산성화된 겉흙과 뒤바꾸고 잡초를 없애기 위해서입니다. 화학약품 때문에 산성화되는 땅을 뒤집기만 해서는 해결이 안 되니까 다른 데서 흙을 퍼 넣는 객토 작업도 하고 몇 년에 한 번씩 석회나 규산을 뿌리기도 합니다. 그러나 땅을 갈지 않는 대신 뿌리가 1m 이상 내려가는 보리 혹은 6~7m나 내린다는 호밀을 심으면 땅도 호흡하고 흙도 떼알구조로 바뀌면서 각종 미생물과 작은 동물들의 서식처로 바뀝니다. 옥수수도 뿌리가 왕성하게 뻗어서 비독층의 염류나 과도한 질소질을 흡수·분해하는 것으로 알려져 있습니다.

자연농법의 두 번째 원칙은 무비닐(無vinyl)입니다. 흔히 잡초를 방지하려고 비닐을 씌우지만 자연농법에서는 비닐을 쓰지 않고, 비닐집도 하지 않습니다. 비닐에 의한 토양오염도 만만치 않기 때문입니다. 그렇다면 땅을 갈지 않아 무성해진 잡초는 어떻게 할까요? 잡초는 그냥 같이 살게 합니다. 제초제를 자꾸 치면 내성이 강해진 슈퍼잡초가 기승을 부립니다. 대신 깻묵을 우려낸 액비를 뿌리든지 타감작용(다른 식물의 성장을 방해하는 작용)이 강한 솔잎이나 은행잎을 덮어주면 확실히 잡초가 덜 자랍니다.

자연농법의 세 번째 원칙은 무투입(無投入)입니다. 외부 이물질을 넣지 않는다는 것입니다. 저는 외부 축사에서 나온 거름, 내연기관으로 움직이는 농기계, 농약과 비료, 이 세 가지를 넣지 않습니다. 제초제도 당

무비닐 농법으로 경작하는 밭

연히 뿌리지 않습니다. 귀농해서 농사지은 20여 년 동안 단 한 번도 농약과 제초제, 그리고 비료를 손에 묻혀본 적이 없습니다. 관리기는 가끔 쓰기도 했는데 오랫동안 전혀 건드리지 않았습니다. 일반 축사의 돼지 똥, 소똥, 닭똥은 상당히 오염되어 있습니다. 사료 자체에 항생제나 성장호르몬이 섞여 있기 때문입니다. 그래서 외부 축사의 분뇨를 거름으로 쓰지 않습니다. 아무것도 넣지 않으면 작물이 제대로 자랄까 걱정이 될 겁니다. 처음에는 당연히 잘 안 자랍니다. 하지만 시간이 지나면서 땅심이 회복되면 점차 나아집니다. 오히려 병도 안 걸립니다. 무리하게 많은 열매를 맺지도 않고, 대책 없이 몸뚱이를 키우지도 않습니다.

건강한 토박이 씨앗과 정직한 농사짓기

자연농의 대가인 한원식 선생은 말합니다. "땅에서 얼마나 가져갈 것인가를 생각하기보다 땅이 주는 것에 감사하라." 땅을 더는 유린하고 착

취해서는 안 됩니다. 자신이 묻힐 때까지 무덤을 파고 있는 인간의 자해 문명과 카지노 판을 닮은 도박 농사는 이제 막바지에 다다랐습니다.

자연농법을 제대로 하려면 토박이 씨앗으로 농사를 지어야 합니다. 토박이 씨앗은 작물의 키도 작고 열매도 적게 열립니다. 대신 땅에 거름을 넣지 않고 널찍널찍하게 심으면 병에 걸리지 않습니다. 농장 환경을 최대한 자연과 같이 해주면 됩니다. 한 번도 못 따고 탄저병으로 다 뽑아버리는 개량 고추보다 네 번, 다섯 번 따고 서리가 하얗게 내릴 때 끝물까지 따는 토박이 고추가 미덥습니다. 전국귀농운동본부에서 토박이 씨앗 나누기 모임을 한 적이 있습니다. 전국에서 토박이 농사를 짓는 사람들이 삼삼오오 모여서, 크고 작은 종이봉투에 담아 온 씨앗들을 나누었습니다. 상추만 20여 종이 있었고 당근, 배추, 오이, 벼, 밀 등도 수십 종류가 넘었습니다. 콩은 자그마치 30여 종이 더 되었습니다.

토박이 씨앗의 특징은 같은 작물의 종이 엄청나게 많다는 것입니다. 종묘상에서 파는 씨앗이 종자 회사 이름만 다르지 거의 똑같은 것과는 큰 차이입니다. 게다가 종자 회사 씨앗은 농약으로 소독해서 색깔이 시퍼렇든지 새빨갛습니다. 토박이 씨앗은 전혀 그렇지 않습니다. 농약 소독을 하지 않은 것은 기본이고, 못생기고 자그마합니다. 늦게 자라기까지 합니다.

그런데도 왜 이렇게 토박이 씨앗을 심고 보존하기 위해 애쓰는 걸까요? 이유는 간단합니다. 튼튼하게 자라고 영양도 풍부하기 때문입니다. 생명력이 강하고 사람과 자연에 조화롭습니다. 토박이 씨앗으로 농사를 지으면 비료도, 농약도 안 해도 될 만치 건강하게 자랍니다. 반면 인위적으로 개량된 씨앗들은 너무 허약하다 보니 비료나 거름을 많이 줘야 합니다. 그러면 급성장하게 되고 농약을 쳐야 하는 악순환에 빠집니다.

무·배추의 개량종 씨앗(왼쪽)과 토박이 씨앗(봉투에 담긴 것)

인위적인 육종의 목표 자체가 급성장입니다. 빨리 자라게 해서 빨리 수확해 내다 팔아야 하기 때문입니다.

토박이 씨앗은 수천 년 동안 이 땅에서 농부의 땀방울에 의지하여 자연과 조화를 이뤄낸 결과물입니다. 지역의 토양과 기후에 세대를 거듭하면서 적응해온 것입니다. 프로젝트 지원금 수억 원으로 단 몇 년 만에 실험실에서 탄생된 것이 아닙니다. 그래서 자연농법은 토박이 씨앗과 함께 가야 합니다. 안타깝지만 생태계도 살리면서 힘 안 들이고 풍족하게 생산하는 그런 농법은 없습니다. 안타깝다고 할 수도 없습니다. 오히려 다행일 수 있습니다. 충돌하는 두 가지, 세 가지 욕망을 동시에 채우려는 것에서 모든 재앙이 생기니까요. 농약이나 거름같이 좋고 편해 보이는 것들을 더하고 채우려는 마음 비우기, 토박이 씨앗과 같이 시간과 자연의 힘을 인정하기에서부터 자연농법은 시작합니다.

4
생명역동농법

생명역동농장
– 뉴질랜드 카오스 스프링 농장

우리가 탄 버스가 멈췄습니다. 깊은 산골의 작은 다리 앞. 맙소사, 1차선 다리였습니다. 반대편에서 작은 승용차가 다리 위로 들어서는 중이었습니다. 남한 땅의 두 배가 넘는 국토에 겨우 440만 명이 삽니다. 빈 땅이 즐비한 넓디넓은 나라 뉴질랜드. 멀쩡한 2차선 길도 버리고 농지를 뭉개 4차선 길을 마구 뚫는 나라에서 온, 통 큰 사람들 눈에는 1인당 국민소득 4만 달러인 부자 나라의 낡은 1차선 다리가 참 경이로웠습니다.

이번에는 길을 건너는 소 때문에 다시 버스가 섰습니다. 건널목이 아닌데도 소의 보행권이 우선인가? 동물 한 마리당 3천 평이 넘는 풀밭을 가진 낙농국가답습니다. 협곡을 사이에 두고 강물은 빠르게 흐르다가 불쑥불쑥 폭포를 이룹니다. 버스가 속도를 내지 않는 것은 좁은 산길 탓은 아닌 듯합니다. 친절과 여유가 몸에 밴 운전사는 과속을 모릅니다.

드디어 '카오스 스프링 농장'에 도착했습니다. 생명역동농업을 하는 곳입니다. 캠브리지를 출발해 2시간 넘게 걸렸습니다. 뉴질랜드 4대 도시이자 인구 18만의 대도시(?)인 해밀턴 외곽을 돌아 모린스 필과 타투 아누이를 거쳐 와이타헤타 강을 끼고 왔습니다. 농장은 동쪽 해변 도시 와이히로 가는 길에 있었습니다.

정농회와 생명역동농법

연수를 오기 전부터 현대식 농업국가인 뉴질랜드에서 생명의 농사를 어떻게 하고 있는지 관심이 컸습니다. 산업화에 따른 현대 농법의 문제가 다방면으로 드러나면서, 태평농법이다, 자연농법이다, 생명의 농사다, 하며 대안의 농법을 찾아나선 뜻있는 농부들의 대열에 일찍이 합류한 덕분입니다.

22년 전 농사를 짓기 시작했고, 야마기시 공동체 농장을 거치면서 경천애인(敬天愛人, 하늘을 우러르고 사람을 사랑함)의 진리를 농업으로 일구는 정농회에 가입했습니다. 그러면서 자연예술농법도 접했고, 영성농법 강의도 들었습니다. 자연과 사람이 같이 사는 길을 찾기 위한 시도였습니다. 그중 하나인 생명역동농법의 매력은 우주 차원의 접근이라는 점입니다. 달과 별의 움직임까지 살펴서 농사에 적용합니다. 같은 철에 재배하는 작물도 뿌리 작물이냐 잎 작물이냐에 따라 씨를 뿌리는 시기가 엄격히 구분됩니다. 당연히 수확하는 시기도 그믐과 보름을 따집니다. 작물과 우주 기운과의 관계 때문입니다. 사람도 남자는 화성의 기운, 여성은 금성의 기운이라 합니다.

현대 농법이 작물을 그 농장의 물, 온도, 영양, (인공)빛 중심으로만 바라본다면, 자연농과 유기농은 지역 단위 삶의 공동체와 지구 차원의 사고를 합니다. 그러나 지구가 태양계, 나아가 은하계의 영향을 받고 있다는 사실을 농사에도 적용해서 농사달력까지 만들어낸 것이 생명역동농법입니다. 우리 전통의 오운육기력이나 음양오행 원리와도 통합니다. 초끈이론으로 대표되는 현대 양자물리학과도 연결됩니다. 미시 세계와 거대한 우주 공간이 농사에서 하나로 통합됩니다. 미시 세계의 혼돈은 기다란 원형 끈의 진동에서 비롯됩니다.

"혼돈이 창조의 바탕"

이같이 약동하는 혼돈 상태가 모든 창조의 바탕입니다. 계절로는 봄입니다. 창조 중에 생명보다 더 큰 창조가 없다고 할 때 '카오스 스프링'이라는 이름은 생명역동농장답습니다.

생명역동농법은 요즘 유행하는 통섭학의 차원으로 이해할 수도 있습니다. 창시자인 루돌프 슈타이너는 전인적인 사람이었습니다. 농사의 본령이 그러하듯 그는 화학, 물리, 철학, 농학, 교육학, 문학까지 아우르고 300권 이상의 책을 썼습니다. 기상학과 토양학, 화학 지식만으로 농사를 짓는다면 초급 농부입니다. 최소한 여기에 문학과 정신과학(명상)을 덧붙여야 참농부라 할 수 있을 것입니다. 명상은 세상 만물과 소통하는 통로입니다.

정농회 교육을 받으면서 농장의 세 귀퉁이에 거리를 정확히 재가며 숯을 묻기도 했고 농장에서 시를 소리 내어 읽기도 했습니다. 증폭제(생명역동농법의 발생지인 독일에선 '예비제', 일본에선 '조합제'라 함)를 만들어보기도 했는데 효과를 제대로 본 것은 논에다가 목성의 영향을 크게 받는 같은 화본과의 대나무나 버드나무 가지를 꽂았던 것입니다.

갈대도 화본과라 닥치는 대로 베어 넣었습니다. 우렁이농법으로 벼농사를 했는데 병도 없이 농사가 아주 잘되었습니다. 이른 봄에는 따뜻한 기운을 모으기 위해 붉은 천을 대나무 가지에 걸었습니다. 도열병이 올 수 있는 한여름과 늦여름에는 청색 천을 걸었더니 무당집 같아 보이기도 했지만 알록달록 예뻤습니다.

사실 중국에 현존하는 가장 오래된 종합 농업기술서 《제민요술》과 조선 후기에 《임원경제지》를 쓴 서유구의 농서 《행포지》에도 생명역동농법과 유사한 농법이 등장합니다. 말똥을 삶아 씨앗을 담근다든가 누에똥에 씨앗을 섞어 겨울 동안에 보관하라는 것 등입니다. 말 뼈를 물에 넣고 세 번 끓였다 식히기를 반복하고는 바꽃 뿌리를 넣어 파종 전에 뿌리라는 얘기는 《범승지서》라는 중국 한나라 때의 농서에 나옵니다. 생명역동농법의 증폭제와 유사합니다.

루돌프 슈타이너와 생명역동농법

루돌프 슈타이너(Rudolf Steiner, 1861~1925)는 인지학 창시자로, 특히 한국에서는 발도르프 교육 창시자로 주로 알려진 교육자이자 철학자다. 하지만 그는 많은 분야에서 시대를 앞서가는 문화개혁운동을 펼친 사상가이자 건축가이기도 하다. 인지학 이론을 바탕으로 한 치료교육은 물론 철학과 건축 분야 등에서 남긴 업적이 아주 많다.

특히 루돌프 슈타이너는 유기농의 최초 개념이라 할 생명역동농법을 창안했다. 생명역동농법은 다양하게 설명되고 있는데 가장 큰 특이성은 농업을 지구적 영역을 넘어 우주 차원의 원리로 접근한다는 점이다. 증폭제라든가 파종 시기의 선택 등이 그렇다. 그렇기 때문에 비료 사용이나 농약은 철저히 금한다. 개인의 경제적 소득 또는 식량 증산이라는 단기적이고 임기응변적인 시야를 넘어서서 우주와 하나 되는 참 존재로서의 농사를 지향한다. 인류가 이렇듯 우주와의 전체적 관련 속에서 농업을 새롭게 바라보고 이해하지 못한다면 인간의 생명과 함께 자연도 소멸되고 퇴화할 것이라고 그는 말한다.

증폭제와 식물 추출물

이번에 가서 본 카오스 스프링 농장은 제가 했던 것보다 규모도 크지만 체계적이고 종합적이었습니다. 농장 면적이 50ha나 되었습니다. 스티브 에릭슨과 아내인 제니 에릭슨이 함께 꾸려가고 있습니다. 유쾌하고 친절한 부부였습니다. 미국의 유타 주에서 20여 년간 채소 농사를 하다가 2001년에 이곳으로 이주했다고 합니다.

집 앞에 정팔면체로 조성된 밭이 있었습니다. 처음엔 미스터리 서클 같았고 곧이어 우주의 본체를 닮았다는 생각을 했습니다. 한때 열심히 관계를 맺었던 명상 수련 단체인 '수선재'에서는 우주 형상을 본떠서 이와 같은 팔문원이라는 문양을 사용하고 있습니다.

정팔면체 밭에는 중심에서 각 면의 꼭짓점까지 선을 긋고 골을 내서 이등변 삼각형인 밭 8개를 조성해놓았습니다. 여기에 각기 다른 작물들이 자라고 있었습니다. 주역의 4상 8괘가 떠올랐지만 물어보지는 못했습니다.

이 농장에서 가장 먼저 내세우는 것이 건강한 토양이었습니다. 땅을 기름지게 하는 것이 농사의 근본이라고 정농회에서 배웠는데 이 농장에

연수생들이 농장의 여러 시설과 농법에 관해 설명을 듣고 있다.

와서 그것을 확인받는 기분이었습니다. 거름 만들기와 증폭제 만들기, 파종 시기와 수확 시기 등은 모두 땅의 건강성을 고려한 것들입니다. 두 번째에서 다섯 번째까지 내세우는 원칙도 건강한 식물, 건강한 동물, 그리고 '수익을 내는 농장' 등이었습니다. 수익을 내는 농장에 대해 에릭슨이 강의 중에 설명해주니까 안도의 한숨이 나왔습니다. 흔히 자연과 하나 되고 하늘 섭리에 따르는 농사 운운하면 "그래가지고 먹고살 수 있냐?"는 반박을 하도 많이 들어서입니다.

눈길을 끄는 것은 각종 식물성 추출물(액상 비료)을 만들어 쓰는 점과 증폭제를 만드는 회전 기계였습니다. 식물성 추출물을 만드는 장치도 다양했습니다. 사람 키만큼 큰 깔때기 모양의 플라스틱 통 아래쪽에 꼭지를 달아서 식물 즙이 고여 있게 했다가, 발효가 일정하게 진행되어 질 좋은 추출물이 생기면 빼내는 식이었습니다. 적어도 1t은 됨직한 스테인리스 물탱크에는 빗물도 안 들어가게 공기구멍이 달린 뚜껑을 덮어놓은

카오스 스프링 농장을 꾸려가고 있는 스티브 에릭슨(왼쪽)과 제니 에릭슨 부부

것도 있었습니다.

증폭제를 만드는 회전 기계도 아주 맘에 들었습니다. 김준권 전 정농회 회장 집에 있는 회전기를 본 적이 있는데 여기 회전기는 깨끗한 스테인리스라서 주물 제품인 김 전 회장 것보다는 고급스러워 보였고 잡티가 안 생길 듯했습니다. 회전을 시켜서 원심력으로 물이 가장자리로 다 몰리면 전동기가 순식간에 반대쪽으로 돌았습니다. 회전기의 힘도 셌고, 방향이 규칙적으로 바뀌었습니다. 증폭제 회전기를 보니 그 옛날 초짜 농부 시절에 대나무 빗자루를 드럼통 증폭제 속에 넣고 1시간을 좌우로 번갈아 젓느라 팔이 빠질 것 같았던 기억이 아련히 떠올랐습니다.

지렁이가 자라는 거름은 평화를 지킨다?

이 농장에서는 활용하는 자원이 아주 다양했습니다. 분뇨와 분쇄목, 동물과 동물 사체, 점토, 산림 토양 등은 빼놓을 수 없는 자원입니다. 동물 사체는 어떻게 이용하는지를 프레젠테이션으로 보여주었습니다.

바닥에 막을 깔고 60cm쯤 촉촉한 거름을 쌓고는 가운데에 동물의 사체를 놓습니다. 그러고는 분묘처럼 동물의 사체 위로도 봉긋하게 60cm 이상의 거름을 덮습니다. 그렇게 하면 밑면의 지름은 거름 무더기의 높이보다 넓어지게 됩니다. 반년이면 동물 사체가 다 분해되어 좋은 거름이 된다고 합니다.

이 모든 것은 흙을 살려 생명의 농사를 하려는 노력이고 지혜입니다. 땅이 생명력을 회복하는 것은 작물의 생명력과 직결되기 때문입니다. 이는 결국 농부의 행복으로 이어집니다.

밭 주변의 어떤 통에는 지렁이만 키우는 중이었습니다. 《흙속의 보물 지렁이》(들녘 2015)를 재미있게 읽은 적이 있기 때문에 지렁이를 본격적으로 키우는 그 통 속을 들여다보았는데 별다른 것은 없었습니다. 음식물 남은 것과 각종 섬유질 풍부한 식물들로 채워져 있었습니다. 지렁이도 판매한다고 했습니다. 지렁이는 쟁기 노릇도 하지만, 그 똥이 질 좋은 거름이 됩니다. 사람 똥은 어떻게 하는지 궁금해서 물어보았더니 놀라는 표정이었습니다. 위생상 쓰지 않는다고 했습니다. 사람 똥이 거름으로 최고인데 모르는 것인지 아니면 문화가 달라서인지 알 수는 없었습니다.

작물을 키우기 위해 인간은 그 생장에 필수인 질소 확보에 혈안이 되어왔습니다. 19세기에는 페루 앞바다에 새들의 똥이 수천 년 쌓여 만들어진 '구아노'를 차지하기 위해 전쟁도 벌였습니다. 급기야 공기 속 질소를 고정하는 기술을 개발해 비료를 만들어냈고, 이 기술은 폭탄을 만드는 기술과 연결되어 수많은 인류를 살상했습니다.

농사와 전쟁, 안 어울리지만 무관하지 않습니다. 이제는 식량이 전쟁의 도화선이 될 수도 있는 시대입니다. 생명역동농법에서는 똥과 짐승 뿔, 쐐기풀, 톱풀, 카밀러, 상수리나무 코르크 껍질 등으로 증폭제를 만들어 몇 배의 농작물을 생산합니다. 이런 생명역동농법을 여러 농법 중 하나가 아니라 평화를 지키는 파수꾼으로 여겨도 될까요?

[참고도서] 흙속의 보물 지렁이
최훈근 지음 | 들녘 펴냄 | 2015년

오랫동안 지렁이 연구를 해온 국내 유일의 '지렁이 박사'인 지은이가 지렁이 활용법에 대해 쓴 책이다. 지렁이라는 토양동물에 대한 명확한 이해에서부터 지렁이의 활동에 따른 효과, 지렁이 퇴비장 만드는 법, 분변토와 지렁이 액비 수집법, 지렁이 이식법과 조건까지 텃밭, 논밭, 과수원 등 농사 현장에서 활용할 다양하고 실용적인 방법을 소개한다. 인류 문명과 지렁이의 관계, 지렁이의 구조와 특징, 지렁이의 활동과 흙 개량, 흙이 바뀌면서 농작물 생산에 일어나는 효과 등 흥미롭고 유익한 내용이 풍성하다.

한 형제인 비료와 폭탄

비료와 폭탄은 원료가 같다. 만드는 원리도 의외로 간단하다. 일단 공기 중의 질소(N)를 수소(H)와 결합시켜 암모니아(NH_3)를 만든다. 이 암모니아와 질산을 반응시키면 질산암모늄, 황산과 반응시키면 황산암모늄이 되어 인공 질소 비료의 중요한 원료가 된다. 그러나 여기에 인화성이 강한 물질을 배합하면 바로 폭탄이 되는 것이다.

비료를 만들어낸 독일의 화학자 프리츠 하버(Fritz Haber, 1868~1934)는 1918년에 노벨화학상을 받았다. 명망 높은 이 과학자는 1차 세계대전이 일어나자 비료 공장의 공정을 살짝 바꿔 폭탄 공장으로 만들었고, 악명 높은 독가스인 '치클론 B'도 개발해 동족인 유태인 학살에 쓰이도록 했다.
이를 두고 '공기로 빵을 구워내는' 인류의 구원자가 독가스 학살자로 전락했다고 말을 한다. 하지만 비료나 폭탄이나 지구 생태계 처지에서 보면 하나는 구원자고 하나는 학살자로 나뉠 것이 못 된다. 비료가 얼마나 토양을 사막화하고 농작물을 병들게 하는지는 나중에야 드러났다.

4부

농기구와 자원

농기구도 내 손으로 뚝딱

1
농기구 손수 만들기 ❶

서서 편하게 풀 베는 '탈핵 낫'

우리 동네에 고수 농사꾼이 있는데 못 다루는 기계가 없고, 용접에다 미장은 물론 배관과 전기까지 만능 일꾼입니다. 매년 여름에 동네 사람들이 다 모여 길가 풀을 깎는 날이 있는데 이 양반이 지팡이를 짚고 발목 깁스를 하고서 나타났습니다. 안전장구를 다 했는데도 예초기 작업을 하다가 돌멩이에 날이 부러지면서 정통으로 발목으로 날아들어 크게 다친 것입니다. 그래서 저는 접었던 꿈 하나를 다시 펼쳐 들기 시작했습니다. 바로 예초기를 대체하는 대형 낫을 만드는 일입니다.

서서 쓰는 필리핀의 반달 낫

오죽하면 버스를 세워서 유심히 살펴보았을까요? 필리핀 북부 바기오 지역에 전통농업 견학을 갔다가 차창 밖을 보니 사람들이 뻣뻣하게 서서 풀을 깎고 있었습니다. 우리는 낫을 들고 쪼그리고 앉아서만 풀을 베는 걸로 알았습니다. 그런데 서서 풀을 베니 일하기도 편하고 능률도 우리하고는 비할 바가 아니었습니다.

그들의 낫은 옛 소련 국기에 나오는 반달 모양 대형 낫으로, 끝이 안쪽으로 살짝 휘어져 낫이 지면에는 수평으로 닿았습니다. 잠시 양해를 구하고 직접 해보니 두 손으로 하는 작업이라 힘도 덜 들었습니다. 귀국하자마자 혹시나 하고 철물점에 가서 물어보았지만 역시나였습니다. 인터넷 쇼핑몰을 뒤져도 없었고 농기구 전문 매장도 마찬가지였습니다. 예초기를 쓸 때 가장 고약한 것이 매캐한 매연입니다. 배터리로 돌아가는 예초기도 있긴 합니다. 그래도 여전히 맘에 들지 않는 것은 그 귀한 풀들이 고속으로 돌아가는 예초기 날에 완전 박살이 나서 밭에 깔아줄 수 없이 그냥 버려야 한다는 점입니다. 가장 안전하다는 나일론 끈 예초기도 그런 면에서는 똑같습니다. 그리고 예초기는 진동과 소음으로 몸을 괴롭혀서 1시간 이상 일을 할 수가 없습니다.

필리핀에는 있는데 대한민국에 왜 없을까 싶어서 백방으로 수소문했지만 없었습니다. 너무 발전한 나라라는 게 문제였습니다. 모든 것이 자동 아니면 전동 공구여서 수작업 농기구는 종적을 감춘 지 오래입니다. 쇼핑몰에 나온 대형 낫은 수초를 베는 것이거나 가면무도회 때 쓰는 장난감 플라스틱 낫이 전부였습니다. 풀과 나무의 잔가지까지 쳐내려는 용도에는 맞지 않았습니다.

2만 5천 원짜리 수동 예초기

'반달형 대형 낫'을 포기하고 있었는데 예초기에 다친 동네 사람을 보고는 다시 수색에 나섰습니다. 웬만하면 석유를 쓰지 않는 농사를 짓겠다는 다짐과도 맞아떨어지기에 그 농기구를 구하고야 말겠다는 오기도 생겼습니다.

지성이면 감천인가? 그 낫이 나타났습니다. 《한겨레21》에 연재하는 강명구 교수의 칼럼에서 본 것입니다. 이름은 달랐지만 제가 바라는 바로 그 낫이었습니다. 이름이 '사이드'라고 하는데 강 교수는 도깨비 낫이라고 불렀습니다.

얼른 검색을 했더니 아뿔싸, 너무 비쌌습니다. 국내 제품은 없고 외국에서 수입하는 것인데 20~30만 원대였습니다. 궁리하다가 인터넷에서 사진을 몇 장 뽑아 동네 대장간을 찾았습니다. 그런데 아쉽게도 주인 할아버지가 돌아가시고 대장간은 폐쇄되고 없었습니다. 다른 지역 장날에 맞춰 대장간을 찾아가 사진을 보여주고는 손짓 발짓 해가며 그림까지 그려 보였습니다.

대장장이는 고개를 갸웃거리며 한참을 궁리하다가 못 만들겠다고 했습니다. 이유는 뻔했습니다. 비싸게 치여서 못 만든다는 것입니다. 그래서 돈은 얼마든지 드릴 테니 염려 말라고 했습니다. 슬그머니 겁이 났지만 흥정을 해서라도 만들고 싶어서 얼마 드리면 만들겠느냐고 물었더니 놀랍게도 2만 원 달라고 했습니다. 이런 횡재가!

그렇게 해서 열흘 뒤에 찾으러 갔더니 제가 그린 그림보다 훨씬 기계공학적이고 신체 구조적(?)인 낫을 내놓았습니다. 낫 길이가 40cm에 달하고 약간 묵직해서 힘도 잘 받게 만들어졌습니다. 마음에 꼭 들어서

탈핵 낫의 앞과 옆 모습

2만 5천 원을 드리자 대장장이 아저씨가 긴 자루까지 하나 끼워주었습니다. 반달형으로 만들면 낫에 감기는 풀 양이 너무 많아 힘들다고 하면서 직각을 조금 넘는 각도로 만들었고, 낫의 목을 안쪽으로 살짝 휘어서 허리를 안 굽혀도 낫의 날이 지면에 수평을 유지하도록 한 기막힌 작품이었습니다.

집에 오기 바쁘게 휴대용 금강석 숫돌을 옆에 차고 밭으로 올라갔습니다. 낫을 잘 갈아 그동안 엄두를 못 내던 묵은 밭에 가서 풀을 베어보았습니다. 풀은 물론 밭두렁 찔레가시랑 조팝나무까지 단숨에 날아갔습니다. 점차 요령도 생겼습니다. 허리에 반동을 줘가며 상체를 돌리면 2~3m까지 풀들이 나란히 쓰러졌습니다. 이전엔 찔레가시를 벨 때 팔뚝을 찔려가며 기어들어가 베었는데 이제는 낫을 살짝 걸고 당기기만 하면 제 몸에 생채기 하나 안 내고 속절없이 잘려났습니다.

풀들은 고스란히 걷어서 감자밭과 고추밭에 덮으니 일석이조, 일석

아들이 탈핵 낫으로 풀을 베고 있다.

삼조였습니다. 매연도 소음도 없고 지형에 따라 낫질 반경을 조절할 수 있고 장애물이 있으면 마음대로 피해갈 수도 있으니 엔진 예초기는 이제 무덤으로 가야 할 처지가 된 것입니다.

휴가 나온 아들한테 낫을 보여주고 일을 시켰더니 신기해하면서 군말 없이 일을 했습니다. 농사꾼한테는 연장이 좋아야 하지만 연장이 재미까지 있으면 금상첨화입니다. 전해에 심었던 호밀도 순식간에 다 베어내고 호박을 심었습니다. 밀양 송전탑 건설을 강행하면서 할머니들이 경찰들한테 들려 나오는 장면을 보고 낫 이름을 바꾸어도 될 것 같았습니다. 전기를 쓰지 않는 '탈핵 낫'!

2
농기구 손수 만들기 ❷

효용성과
창작의 기쁨

탈핵 낫을 만들어 공개한 뒤로 많은 사람으로부터 문의와 제작 의뢰를 받았는데, 가장 곤란했던 점은 제가 대단한 발명가라도 되는 줄 알고 그동안 만들어놓은 발명품(?)들을 내놔달라는 요청이었습니다. 방송사에서도 연락이 왔고 어느 대안기술 카페에서도 연락이 왔습니다. 아쉽게도 제게 그런 건 없습니다. 발명품이라 할 만한 건 없으나 발명 일은 한다고나 할까요.

목암 낫

탈핵 낫은 이름이 너무 거창해서 핵발전소를 없애려는 무기인지, 핵발전소 반대 운동 용품인지 오해할 수 있습니다. 어떤 이는 자연에너지로 전기를 생산하는 낫인 줄 알았다고 하니 이름이 과도한 것이 사실입니다. 선조들의 전통 농기구인 '선 낫'으로 부르자는 사람이 있었는데, 선 낫은 단지 쪼그리고 앉아서 쓰는 낫의 상대 개념으로 서서 쓰는 낫이라는 뜻이라서, '무동력 수동 예초기' 기능에 초점을 맞춘 탈핵 낫의 대체 용어로는 어딘가 미흡했습니다. 그래서 그냥 제 아호를 따서 '목암 낫'이라 부르고 있습니다.

이후 목암 낫 2호도 만들었습니다. 1호도 서너 번 개량해서 전보다 쓰기 편하긴 했는데 새로 만든 것을 2호라 한 이유는 용도가 크게 다르기 때문입니다. 1호는 풀과 함께 논밭 둑에 자란 가느다란 나뭇가지들을 베는 것인데 2호는 이 둘의 용도를 나누어서 각각의 전용 낫으로 만든 것입니다.

2호는 ㄱ 형과 ㅅ 형, 두 가지입니다. 늦가을과 이른 봄 사이에 농장 주변에 앙상하게 서 있는 찔레나무나 싸리나무, 고춧대를 자르는 낫을 ㄱ 형이라 하고 갈대나 풀, 호밀 등을 베는 것을 ㅅ 형이라 이름 붙였습니다. ㄱ 형 낫은 나뭇가지를 걸어 당겨 쓰고, ㅅ 형 낫은 휘둘러 씁니다. 이처럼 일하기 편리하게 새로 만들거나 고쳐 쓰는 농기구를 발명품이라 해도 무방하다고 생각합니다. 일상의 작은 개조도 발명에 포함된다면 말입니다.

얼마 전에 우연히 본 방송에서 가수 윤도현이 소개한 물티슈 사용 사례가 그런 경우라 하겠습니다. 그는 모 예능 프로에 나와 물티슈를 오만 가지로 활용하는 사례를 공개했는데, 이를테면 진공청소기 먼지망으로 물티슈를 활용하거나 물티슈 봉지의 플라스틱 뚜껑을 과자 봉지 밀봉 마개 또는 벽에 있는 콘센트 뚜껑으로 활용하는 것 등입니다.

제가 직접 만들어 쓰는 것들은 농기구가 비중이 크지만 농기구에만 제한되지 않고 농가 생활용품 전반에 해당됩니다. 저는 웬만하면 만들어서 씁니다. 이웃집이나 고물상에 가면 재료들은 널려 있고, 기술적인 원리나 도면은 인터넷에 친절하게 다 공개되어 있어서 어렵지 않습니다. 다만 시간이 문젠데 시간은 자신이 내는 만큼 만들어진다는 게 제 소신입니다. 시간은 그 길이나 속도가 신축적일 뿐 아니라 창조된다고 합니다. 그러므로 시간 여행이 가능한 것입니다. 이름난 물리학자 스티븐 호킹이 줄곧 하는 얘기가 그렇습니다. 호킹은 《위대한 설계》(2010)와 《시간의 역사》(1988)에서 그 원리를 설명하고 있습니다.

우리 집에는 마당에 빨랫줄이 두 줄입니다. 빨랫줄이 두 군데 쳐져 있다는 것이 아니라 두 줄로 쳐져 있다는 것입니다. 튼튼한 나일론 줄을 왜 굳이 두 줄로 쳐놨는지 궁금해하는 사람이 있었습니다. 마침 빨래를 마쳤는지라 "짜잔~" 하면서 줄에 나란히 매여 있던 한 자 좀 더 되는 대나무 대롱을 줄 사이에 끼우자 두 줄짜리 빨랫줄이 바로 빨랫줄 2개로 변신하였습니다. 빨래를 두 배로 널 수 있게 된 것입니다. 우리 집에는 세탁기를 하루에도 두세 번 돌려야 할 때가 있었을 정도로 어머니 빨랫감이 많아서 이런 장치를 고안했습니다. 이는 평상시에 공간을 너무 많이 차지하는 폐단을 줄인 것입니다. 누구는 이것을 보고 요술쟁이 빨랫줄이라고 했습니다.

빨랫줄의 평소 모습(위)과 2개로 변신했을 때의 모습

나락 너는 당그래

'당그래'는 나락을 말릴 때 쓰는 겁니다. 처음에는 철물점에서 3천 원 주고 사서 썼는데 하나로는 부족해서 더 사려다가 나무로 직접 만들어본 것입니다. 딱 한 번 실수하고는 완벽하게 만들었습니다. 플라스틱 당그래를 본떠서 만드니 그렇게 쉬울 수가 없었습니다. 그림을 그리고 직소기로 금 따라 잘라냈습니다. 손잡이를 고정시키는 과정에서 조금 머리를 썼습니다. 1인치 남짓 되는 손잡이 굵기의 못을 함부로 박으면 쪼개지기 때문에 바늘 같은 타카 핀으로 박았더니 튼튼하고 야물었습니다.

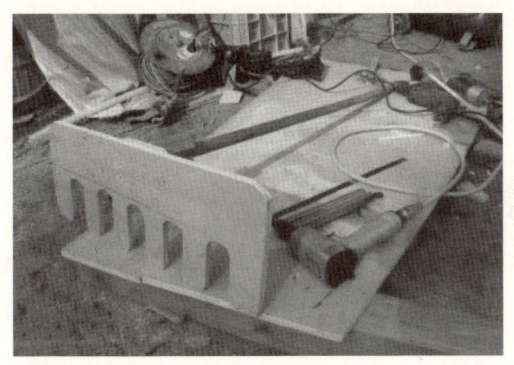

직접 만든 당그래

여러 개를 만들어서 귀농한 후배들 집을 방문할 때 선물로 주기도 했습니다. 플라스틱보다 질감이 좋고 제작자의 솜씨가 묻어나는, 이 세상에 단 하나뿐인 수제품이라는 긍지도 있는 농기구입니다. 기계에서 규격품으로 찍어내는 제품들은 어딘지 몰인정하고 식상하지 않은가요.

철물점에서 물 호스를 사다가, 한전에서 쓰다 버린 '공리일(얼레)'에 감아 물 호스 타래를 만들기도 했습니다. 연결 부속과 스프레이건을 사다 연결했더니 쓸 만했습니다. 돈이 반으로 절약된 것도 그러려니와 돈으로 환산할 수 없는 흐뭇함이 더 큽니다. 주의가 필요한 것은 물이 들어가는 물 호스 초입이 타래에 감길 때 너무 급격하게 꺾이는 문제였습니다. 이는 반대쪽으로 호스를 늘여 감으니 해결되었습니다. 또 타래를 땅바닥에 수직으로 안정시키는 것은, 양쪽에 받침을 만들고 가볍고 회전력이 좋은 대나무로 축을 만들어 끼워 그리스를 좀 발라줬더니 소리도 없이 잘 돌아가며 해결되었습니다. 한데 비를 맞히면 나무에 물이 배서 들고 다니기 무거운 게 단점입니다. 비 맞은 나무는 팽창하기 때문에 둘둘 감겨 있는 물 호스에도 영향을 줍니다. 철물점에서 파는 철판 제품과 달리 비를 안 맞혀야 하고, 호스 안에 있는 물을 빼놓아야 옮기기에 편합니다.

농가에서 쓰는 농기구가 많기도 하지만 이들을 분야별로 나누면 땅용, 작물용, 제초용이 되겠습니다. 자연재배 농부는 아무래도 제초용 농기구에 가장 신경 쓸 수밖에 없습니다. 땅을 갈거나 농작물을 거둬들이는 농기구는 엇비슷하기 때문입니다.

농기구 대부분은 풀 관리용

제초용 농기구는 '풀밀어'와 '바퀴호미'가 유명합니다. 풀밀어는 상당히 오래되고 널리 알려진 농기구입니다. 둘 다 이미 자라고 있는 풀을 제거하는 농기구로, 서서 앞으로 쓱쓱 밀면 풀을 맬 수 있어 좋지만 밭이 경사졌거나 골의 간격이 맞지 않으면 일하기 쉽지 않습니다. 그래서 작물의 포기 사이에는 '긁쟁이'나 '딸깍이'로 작업을 합니다. 이것은 작물 포기 사이에 난 풀들을 종횡무진 제거하는 데 아주 그만입니다.

농사 초기에는 풀을 제거하는 데 신경을 썼다면 나중에는 제압(?)하는 데 더 신경을 씁니다. 풀이 아예 나지 않게 하는 방법은 농사 부산물이나 낙엽, 풀로 덮는 것입니다. 그래도 솟아나는 풀이 있다면 그 기개를 가상하게 여겨 놔둬도 무방합니다. 이런 풀은 뿌리가 약해서 호미 없이도 쉽게 뽑힙니다.

제가 만든 '지네발 호미'가 이럴 때 쓰기에 알맞습니다. 풀이 고개를 들고 제초제도 없겠다, 소나 양도 안 보이겠다, 지 세상 만난 줄 알고 의기양양할 때 7개나 되는 호미 날로 득득 긁어주는 풀매기 호미입니다. 이걸로 흙을 한 번 뒤집어만 줘도 풀은 초토화됩니다. 혹시 좀 자란 풀

바퀴호미

지네발 호미

삽쇠

이 있으면 호미를 세워서 살짝 찍어주면 뿌리 밑동이 댕강 잘리게 만들었습니다. 옆면이 제법 날카롭습니다.

지네발 호미는 풀이 호미 이빨 사이에 안 끼게 한 것이 특징입니다. 인터넷에서 사 쓴 농기구는 풀이 자꾸 껴서 불편했습니다. 그래서 지네발 호미는 안쪽 역 V 자 부분에 살짝 라운딩을 줘서 만들었습니다. 그래도 오래 쓰다 보니까 아쉬운 곳이 발견되었습니다. 땅바닥에 닿는 면의 중앙보다 양 끝을 약간만 휘어지게 부메랑처럼 만들면 평지가 아니고 골진 밭을 매기에 더 좋겠다는 생각입니다. 다음에는 그렇게 진화시켜볼 생각입니다.

'삽쇠'라는 농기구도 있습니다. 일반 삽과 다른 것은 땅속 작물을 캐기가 훨씬 좋다는 것입니다. 땅속 깊이 들어가게 한 날 길이 때문만이 아니고, 손잡이를 뒤로 제치면 흙과 함께 농작물(예컨대 감자나 고구마나 야콘)을 상하지 않게, 안전하게 캘 수 있다는 점 때문입니다. 특히 삽쇠 뒤에는 힘 받침대가 있어서 지렛대 역할을 하게 되어 있습니다.

전에 고구마를 캘 때 보니까 힘 받침대가 너무 길어서 삽이 땅 위로 솟구치는 단점이 있었습니다. 힘 받침대를 좀 짧게 할 필요가 있겠습니다. 원래는 철물점에서 파는 4발 잡이 쇠스랑 2개를 나란히 쇠파이프를 대고 용접을 해서 8발 쇠스랑을 만들어 쓰다가, 너무 넓은 면적을 감당하느라 힘이 들어서 쇠스랑 다리를 하나 잘라내고 6발(7개가 남았으나 그중 2개는 나란히 묶어서 하나로 침) 쇠스랑으로 고구마나 감자를 캐봤는데 쇠스랑 발 굵기가 가늘어서 곧잘 휘어졌습니다. 그 대안으로 삽쇠를 이용하게 되었습니다.

만들어 쓰는 농기구의 보람

언젠가부터 마당비도 플라스틱 제품이요, 소쿠리와 도리깨도 석유화학 제품입니다. 당장 돈으로 따지면 싸리나무 살라다가 엮어 쓰는 깃보다 2천 원짜리 플라스틱 마당비가 쌀지는 모릅니다. 하지만 이는 눈에 안 보이는 귀한 것을 포기하고 이뤄지는 공산품 거래입니다. 자연과의 교감이나 자기 건강을 덤으로 지불하고 이뤄지는 거래입니다. 결국 밑지는 장사입니다. 플라스틱 제품은 생산이나 폐기 과정에서 치명적인 쓰레기를 만들어낸다는 것도 영 찜찜한 일입니다.

농기구를 만들어 쓰는 것은 돈으로만 따질 일은 아닙니다. 몸이나 머리의 특징은 알맞게 써줄수록 성능이 더 좋아진다는 데 있습니다. 농기구나 농가 생활용품을 직접 만들어 쓰는 또 하나의 이유입니다. 머리로 생각하는 것을 손과 발로 해보고 다시 머리로 생각하면 그 과정에서 진보가 일어납니다. 손과 발을 삶의 수단으로 삼고 사는 농부들만의 특권입니다. 가령 농부들 사이에 '자연과 함께하는 수박한 농기구' 같은 연결망이 만들어지면 이런 사연과 재능들을 함께 나눌 수 있겠습니다.

방대한 공구의 세계

웬만한 집안일을 스스로 하기 위해 공구를 구비하려면 사실 끝이 없다. 흔한 망치와 톱에서 시작해 직소기나 타카기 등 조금 전문적인 목공 공구와 함께, 낫이나 호미 등 농사 도구에 이르기까지 아주 다양하다. 계측용 공구로는 테스트기와 열 감지기, 레이저 수평기 등이 있고, 연마 공구, 철물 공구 등이 있다. 공구의 세계를 모두 풀어내기에는 너무 방대해 기본적인 종류와 쓰임새를 알 수 있는 블로그를 소개한다. '손끝으로 놀기'라는 블로그로, 여기 올라와 있는 다음 글을 참조하면 좋다. → phamster.blog.me/80134025277

이런 공구들은 1년에 한두 번 쓰려고 사 두기도 그렇다. 그러니 농촌 지역 시·군 농업기술센터에서 농기계를 대여하듯 '공유허브'(sharehub.kr) 같은 곳을 통해 생활공구를 대여할 수 있으니 방법을 찾아보자.

3
물 쓰기

넉넉한 물,
사람뿐 아니라
작물에도

가뭄이 들어서 다정하던 옆집과 물싸움을 하게 되면 그때야 비로소 물의 소중함을 알게 됩니다. 물은 공기나 땅처럼 너무 흔하니까 당연히 그곳에 그냥 있는 줄 아는데 그렇지 않다는 것을 요즘은 자주 느낍니다. 눈앞에서 작물이 벌겋게 타들어가는 것을 보고도 손쓸 방도가 없으면 농부들은 심리적 내상까지 입는다고 합니다.

땅을 살 때는 연결도로가 없는 맹지인지를 가장 먼저 살펴야 하듯, 농사지을 때는 물을 어떻게 끌어다 대는지를 꼭 살펴봐야 합니다. 물 대기 곤란하면 무슨 농사든 어렵습니다. 땅이 기름질 수도 없습니다. 지구상의 모든 기름진 평야는 강을 끼고 있습니다. 홍수로 범람이 되풀이되는 나일강 하류 퇴적층이 비옥한 농지이듯이 강줄기는 농사의 젖줄입니다. 농업용 관정을 뚫는다지만 그것도 초창기 얘기고 관정을 워낙 많이 뚫다 보니 지하수위가 푹 내려가버렸고 지하수 오염도 심각한 실정입니다. 돈과 장비만 있으면 뭐든 해결되던 시대는 서서히 가고 있는지 모릅니다.

여름에 잠시 가물 때가 있었는데, 밭에 물을 주고 있자니 낯선 아저씨 한 분이 대뜸 "아랫집에 먹을 식수도 모자라는데 어째 물을 밭에다 뿌리냐?"고 볼멘소리를 했습니다. 아랫집 할머니 집에 휴가차 온 막내사위였습니다. 약이 올랐을 것입니다. 씻기는커녕 마실 물도 찔찔 나오는 판에 밭에다 호스를 몇 개나 깔고 물을 주고 있으니.

미안하지만 아랫집 할머니 수도꼭지와 우리 밭 물 호스는 뿌리가 다르고 족보가 다릅니다. 그 집은 동네 간이 상수도 물탱크에 수도를 연결해서 물을 먹지만, 저는 100여m 이상 위에 있는 계곡에서 물을 끌어다 밭에 쓰기 때문입니다.

전에 살던 전북 완주군 소양에서도 그랬지만 장수군 장계에 와서도 가장 먼저 농장에 물 끌어댈 궁리부터 했습니다. 처음부터 지하수는 생각을 접었습니다. 윗집에서 700m짜리 대공을 뚫었는데 500만 원이나 줬다고 해서만이 아닙니다. 지하수는 쓰려면 계속해서 펌프 모터를 돌려야 합니다. 전기를 먹어야 하는 것입니다. 땅속으로 흘러야 할 물을 억지로 뽑아 올리는 것은 사람이나 물이나 서로 못 할 짓입니다.

집 뒤에 설치한, 주워 온 물탱크

작물도 먹을 때 먹고 쉴 때 쉬고

궁리를 골똘히 하면 다 통하는 법. 계곡 적당한 곳이 눈에 띄었고, 돌을 쌓아 작은 물웅덩이를 만들어 호스를 연결해서는 밭 위쪽에 큰 물통을 놓고 물을 받아 쓰기 시작했습니다. 오가는 길에 고물상을 노려보다가 제법 큰 물탱크를 하나 주워 오니 저수량이 대폭 늘었습니다. 물통이 둘이다 보니 하나는 액비나 목초액을 넣어 하루 정도 묵혔다 쓰기 좋았습니다. 낮에 물이 따뜻하게 데워지기를 기다려 저녁때 물을 줍니다.

작물에 물을 줄 때는 아침이나 저녁에 흠뻑 줘야 하는데 웬만하면 해질 녘에 따뜻하게 데워진 물을 주는 게 좋습니다. 스프링클러로 뿌려대면 식물이 엄청난 스트레스를 받는다고 합니다. 물줄기가 세서 잎이 고통스럽다는 것입니다. 물을 줄 때는 물뿌리개로 주거나 수압을 낮춰서 호스 끝에 물뿌리개 꼭지를 달아 주는 게 좋습니다. 수압이 낮으니 작물 가까이 가서 상태도 살피며 물을 주게 됩니다. 과수원이나 시설재배를

물을 뽑아 올리는 취수기

할 때 많이 쓰는 점적호스를 저는 쓰지 않습니다. 20cm나 30cm 간격으로 구멍이 뚫려 있어 작물의 뿌리 근처에 일정한 속도로 정해진 양의 물이 스며들게 하는 편리한 장치지만, 작물도 먹을 때는 먹고 쉴 때는 쉬어야지 물을 계속 조금씩 종일 먹는 것은 좋지 않습니다. 작물이 한창 자랄 때거나 열매가 맺히는 시기에는 하루에 한 번씩 물을 흠뻑 주고 보통은 2~3일에 한 번 줍니다.

계곡물은 계속 흘러야

장수로 온 지 2년짼가 3년째 되던 가을이었습니다. 산림청에서 우리 집 계곡에 사방댐을 설치한다고 했습니다. 작은 계곡 양쪽으로 생태 블록을 쌓으니 밭 면적이 두 배로 늘었고 한 길이나 되는 작은 저수지가 생겼습니다. 1인용 계곡 목욕탕으로 안성맞춤이었습니다. 여름을 한 번 지나자 그 사방댐이 토사랑 썩은 나무토막으로 다 메워져 취수지로 쓰기에 제격으로 바뀌었습니다.

비가 오나 눈이 오나 관계없이 사방댐 취수지에서 한결같은 양으로 물을 뽑아 내리고 있습니다. 아예 취수지에서 땅속 1m 정도 깊이로 20mm 엑셀 파이프를 100m나 묻어 내렸기 때문에 물이 펑펑 나옵니다. 여름에는 팰릿 하나 갖다 놓고 야외 샤워도 합니다. 밭가에 만들어놓은 뒷간에서 뒷물로 쓰기도 합니다.

아랫집 윗집에서도 물이 귀할 때는 길게 호스를 연결해서 이 물로 밭에 물을 줍니다. 한번은 아랫집 할머니가 물을 쓰고 나서 물 아낀다고 꼭지를 잠가버렸습니다. 며칠을 그 상태로 있다 보니 호스 안에 파란 물이끼가 끼어 물이 막혀 버렸습니다. 긴 호스에 물을 가득 넣어 연결해서는 자연압으로 막힌 물이끼를 빼내느라 아래위로 한참을 오르내렸습니다.

계곡물은 계속 흐르게 해야 겨울에 얼지 않습니다. 그래서 밭 뒤에는 작은 웅덩이를 만들었더니 산과 들을 오가며 사는 작은 생명체들이 거쳐 가는 중간 거류지로 이용합니다. 개구리가 알을 낳아 올챙이가 가득 찰 때도 있습니다. 장마가 질 때는 웅덩이로 물이 모이게 하여 밭이 너무 질지 않도록 하는 역할도 합니다.

지열난방 수막농사 함부로 해선 안 돼

요즘은 신재생에너지라 하여 지열난방을 많이 하는데 땅속 열기를 함부

여러 문제를 일으키는 수막농사

로 뽑아 쓰면 문제가 생긴다고 합니다. 땅속이 제 온도를 유지해야 하는데 자꾸 열을 뽑아 쓰니 문제가 생기는 것입니다. 싱크홀 같은 것도 땅속에 함부로 손대서 생기는 것이라고 보면 됩니다.

농촌에서 많이 하는 이른바 수막농사도 함부로 할 것이 아닙니다. 수막재배는 대개 11월 중·하순부터 시작하는데, 비닐집을 이중으로 설치해서 안쪽 비닐집 지붕 위로 지하수를 뽑아 올려 지하수 온도인 15℃ 내외를 만드는 농사법입니다. 그런데 비닐에 지하수가 계속 철철 흐르면서 철분이나 망간 때문에 발갛게 물들고, 토양과 함께 결국 지하수까지 오염시키는 경우가 많습니다.

전국에 120만 개나 되는 농사용 관정이 있다고 합니다. 성능 좋은 디젤 관정기가 많다 보니 200m, 700m를 함부로 뚫어 지하수를 끌어올리는데 관정을 제대로 폐공하지 않은 경우에는 이 관정이 지하수로 들어가는 하수구가 되어버립니다. 축산 오폐수나 농업 오염수가 다 들어갑니다.

강물의 자연 흐름으로 짓는 농사 자체를 튼튼히 하는 것이 중요합니다. 농사를 튼튼히 하는 것이 농업용수 확보의 첫째 목표가 되어야 합니다. 그래서 물이 논과 밭을 거쳐 다시 낮은 곳으로 흐르고 흘러 결국 우리 식탁을 건강하게 하는 그런 물 흐름을 만들어야 합니다. 이는 얼핏 들으면 막막해 보일지 모르지만 이 길을 외면하고서는 지속 가능한 안전한 먹을거리 생산은 불안정할 것입니다.

**4
에너지 절약 ❶**

개발보다 절약,
절약보다 몸 쓰기

에너지에 대해 본격적으로 관심이 생긴 건 10년도 더 전입니다. 농업용 면세유가 갑자기 줄어버려서입니다. 제 유일한 농기계인 관리기와 예초기 면세유 지급량이 120L에서 갑자기 20L로 줄어버렸습니다. 콤바인이나 이앙기 한 마지기 삯도 덩달아 올랐습니다. 2만 원 하던 것이 3만 원, 3만 5천 원이 되자 당장 부담이 되었습니다. 이전에는 면세유를 쓰고도 남아돌아 자동차에도 넣곤 했는데 줄어든 20L로는 아껴 써도 모자랄 판이었습니다. 기름보일러에 넣는 등유도 값이 올랐고 1만 원대에 머물던 도시가스도 3~4만 원으로 올라버렸습니다.

축열이 좋아야 멋진 구들

저처럼 농사를 많이 짓지 않고 농기계랄 것도 없는 사람이 농촌에서 쓰는 에너지라면 농사에너지보다 난방에너지와 생활에너지가 주를 이룹니다. 이쪽은 보조금도 없습니다. 저는 2000년에 화목 겸용 보일러를 들였습니다. 요즘 화목보일러에 비해 효율이나 이용 편의가 말도 못 하게 떨어졌습니다. 화실도 작고 연소통도 좁아 일주일에 한 번씩 그을음을 닦아주라는 게 사용설명서에 나와 있을 정도였습니다. 장작도 한 자 이내로 잘라야 했고 툭하면 불이 꺼졌습니다. 늘 기름보일러를 돌려야 했습니다.

새로 집을 지을 때 멋진 구들을 놨습니다. 구들이 멋지게 되었다는 것은 방에 불이 잘 들고 골고루 따뜻한 걸 말합니다. 단열도 좋지만 축열 기능도 좋은 것이었습니다. 고수를 불러다 시공했지만, 직접 구들 강습을 2개나 받으면서 구들 놓는 기술을 익힌 덕도 보았습니다.

축열을 위해 구들장 두께도 고려했지만 작은 빈 병을 구들 위에 촘촘히 깔아 이른바 '공병공법'으로 시공했습니다. 약방을 돌면서 박카스 병을 모아 양쪽 방에 빈틈없이 깔고는 황토 반죽으로 덮었습니다. 구들장도 원석이었습니다. 당시, 용담댐 수몰 지역인 진안군 상전면과 정천면을 돌며 구들을 캐 왔습니다. 구들에는 불을 다루는 인간의 지혜가 총동원되어 있다고 보면 됩니다. 이 과학적인 공법은 조선인들이 이룬 쾌거라고 생각합니다.

공병공법으로 구들을 놓고 거실에 아궁이를 설치했습니다. 굴뚝 팬에 자동 타이머도 직접 고안하고 설치했습니다. 이 과정에서 다른 사람들의 경험을 참고했습니다. 무엇보다 권하고 싶은 난방 장치가 있습니다. 구들 위에 보일러를 깐 것인데 보일러 모터를 돌리면 아랫목 온기를 방 안 구석구석 골고루 퍼뜨립니다. 저는 돈을 절약하려고 연탄보일러를 했습니다. 그런데 웬걸? 연탄을 때는 취약계층으로 분류되었는지 매년 연탄 300장이 지원되어 덕을 보고 있습니다. 연탄재는 논밭 토양을 개량하는 데 아주 잘 쓰입니다. 더구나 연탄 때는 일은 난방을 위한 최소한의 몸 노동을 수반해 에너지의 귀중함을 깨닫게 합니다.

신재생에너지 태양열 온수기

일본에서 후쿠시마 핵발전소 사고가 터지고 나서는 생활에너지 전반에 절약과 신재생에너지 바람이 크게 불었습니다. 뜻이 있으면 길이 열린다고, 저도 독일로 핵발전소 공부를 하러 가게 되었습니다. 준비하면서 문서 자료와 단행본, 그리고 내셔널지오그래픽의 영상물을 집중해서 읽고 보았습니다. 전국귀농운동본부에서 교육하는 적정기술에 대해서도 익혔습니다.

독일에 가서 무엇보다 중요한 것은 '신재생에너지 개발'보다 '절약'이고 '몸 에너지'라는 것을 깨달았습니다. 모든 에너지원은 한정되어 있고 이용 과정에서 이산화탄소를 발생시키지만 몸 에너지는 사용할수록 에너지원이 커지는 기이한 특징이 있습니다. 쓸수록 건강을 얻는 점도 몸 에너지의 중요한 특징입니다. 물론 적정 수준이 있지만.

우리 집은 온수가 문제입니다. 제가 사는 전북 장수군 산골은 워낙 추운 지역이라 겨울이 참 깁니다. 데우려니 귀찮기도 하고 기름도 아

지붕 위에 태양열 온수기를 설치하는 모습

까워서 찬물을 쓰기 일쑤였습니다. 그러다가 태양열 온수기를 만들었습니다.

전국귀농운동본부와 '지리산초록배움터'에서 워크숍을 열었습니다. 그곳에서 원리를 익히고 실습도 했습니다. 양철판은 물론 폴리카보네이트, 동파이프, 실리콘, 볼탑, 온수 펌프, 엑셀 등 여러 도구들을 사용해 제법 그럴듯한 태양열 온수기를 만들었습니다. 다양한 종류의 '로케트 스토브'를 만들어 나물도 삶고 야생 차도 덖고 빨래도 삶았습니다. 로케트 스토브는 그을음도 없고 완전연소가 되어 열효율이 대단했습니다.

천주교창조보전연대 신부님과 수녀님 들이 회원을 데리고 우리 집으로 와서 실습을 하기도 했습니다.

한국에너지공단의 그린홈 사업을 통한 신재생에너지 지원이 활발합니다. 온수는 물론 난방 보조용으로 500L 평판형 집열기를 기반으로 태양열 온수기를 설치하려고 구상하고 있습니다. 중앙정부와 지방정부의 지원을 받으면 어렵지 않게 태양열 온수기를 설치할 수도 있을 것입니다. 태양광 전기도 요즘은 기본 용량을 낮춰서 일반 가정에서도 설치하기가 쉽습니다.

최근에는 관리기와 예초기를 안 쓰는 시도를 하고 있습니다. 아무리 안전장구를 한다고 해도 고속으로 돌아가는 톱날에 다치기 일쑤고, 기름이야 얼마 들지 않는다고 해도, 쏟아져 나오는 불완전연소 매연은 치명적으로 해롭습니다.

5
에너지 절약 ❷

자전거 위에서
만나는
새로운 세상

자전거 이야기라고 하면 바로 자동차를 떠올릴 수밖에 없습니다. 자전거는 자동차와 연관이 깊습니다. 자동차 중독에서 벗어나는 결단과 말입니다. '중독'이라고 했습니다. 그렇습니다. 알게 모르게 무언가에 빠져서 허우적대는 것이 중독입니다. 자동차가 그렇습니다. 우리나라는 특히!

운명처럼 온 자전거

제 자전거 이야기는 자동차 처분과 연결됩니다. 자동차를 처분하기로 마음먹은 것은 어머니가 돌아가시고 나서입니다. 어머니가 어느 날 급작스럽게 돌아가셨듯이 자전거도 그렇게 왔습니다. 저는 4륜 더블캡 트럭을 가지고 있었는데 어머니랑 여행 다니는 전용 자동차였습니다. 트럭 뒷좌석과 짐칸에는 치매를 앓으셨던 어머니에게 필요한 온갖 용품들이 가득 차 있었습니다.

그런데 어머니가 안 계신데도 운전대에 앉을 때마다 옆자리에 어머니가 앉아 계시는 것 같은 착각이 계속되었습니다. 운전을 하다 보면 어머니 자리에서 오줌 냄새와 똥 냄새까지 풍기는 것 같기도 하고, 굽은 길을 돌 때는 한쪽으로 몸이 기울어지는 어머니를 붙들려는 듯이 제 한쪽 손이 저도 모르게 옆으로 향하기도 했습니다. 어머니가 갑자기 기어를 흔들기도 했기 때문에 제 오른손은 늘 기어를 감싸듯이 놓였습니다.

한번은 이런 일이 있었습니다. 습관처럼 기저귀와 물티슈, 패드 등을 차에 싣고 어머니 휠체어까지 끌고 가서 트럭 짐칸에 묶고는, 마지막으로 어머니를 안고 가려고 방으로 향하다가 울컥 어머니가 하늘나라로 가고 없다는 사실을 깨달았습니다. 한동안 멍했습니다. 이 트럭을 계속 타다가는 무슨 사고라도 생길 것 같았습니다.

저는 이 트럭 번호판을 처음 봤을 때부터 특별한 자동차로 생각했습니다. 번호판은 묘하게도 제가 어머니를 모시게 될 상황과 저를 운명처럼 연결해주었습니다. "86세 되신 우리 어머니, 이제 저한테로 이리 오세요"(86모 2154)라는 번호판이었습니다. 그해가 어머니 나이 86세 되던 때였기 때문입니다. 중고로 그 트럭을 처분하면서 다른 자동차를 사는 대신 자전거를 샀습니다. 이렇게 운명처럼 자전거와 새롭게 만나게 되었습니다. 해발 600m 고지대에 살기 때문에 언덕길에서는 전기 동력을 이용할 수밖에 없어 전기자전거를 샀습니다.

저는 그때 이미 접이식 자전거가 있었습니다. 4년 전쯤 노인장기요양법상 가족요양을 신청하기 위해 우리 집에서 멀리 떨어진 진안읍내에 있는 요양보호사 학원에 다니면서 일부 구간을 자전거로 다녔습니다. 우리 동네에 들어오는 버스는 너무 간격이 넓고 저 혼자 큰 트럭을 타고 다니기도 왠지 미안했지만 더 중요한 것은 진안터미널에서 읍내 외곽에 있는 학원까지 걷기도, 택시 타기도 애매해서입니다. 시골에 사니까 자전거가 사치품이나 레저용이 아니라 유용한 교통수단으로 작용합니다. 버스 시간이 3~4시간 빌 때 걸어가기에는 애매하고 택시 타기에는 돈 아깝고 그럴 때 자전거가 멋진 대안이 됩니다. 시골 버스는 텅텅 비어 있어서 접이식 자전거를 싣는 것에 대해 눈치 볼 사람도 없습니다.

어머니가 하늘나라에서 준 선물

5만 원 주고 산 중고 접이식 자전거 덕에 두 달 동안 학원을 잘 다니고 요양보호사 자격증을 따게 되었습니다. 그때부터 어머니는 내로라하는 일류(!) 요양보호사의 돌봄을 받게 됩니다. 제가 일류 요양보호사라는 것은 우리 어머니가 보증을 합니다.

근 30년 만에 제 명의의 자동차가 없어지고 나니 생활이 크게 달라졌습니다. 우선, 그동안 주변 사람에게 신세 지면서 살았는데 트럭 판 값에서 자전거를 사고 남은 돈을 빌려줄 수 있게 되었습니다. 집 짓는 후배에게 200만 원을 주고 또 200만 원은 중국을 오가면서 주역 책을 쓴다는 후배의 집필비로 줬습니다.

아래에서 자세하게 얘기하겠지만 큰 폭으로 달라진 제 생활은 다 어

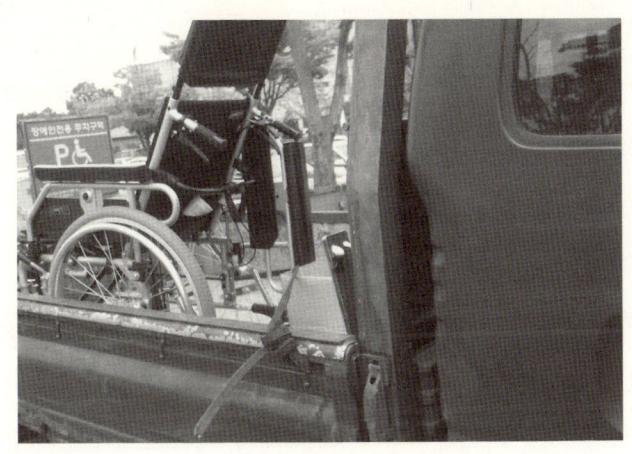

늘 어머니 휠체어를 싣고 다니던 트럭

머니가 하늘나라에서 주시는 선물처럼 느껴졌습니다. 실제로 어머니는 제 품에 안겨 돌아가시기 전에 마지막 숨을 몰아쉬면서 하신 말씀이 있습니다. "내가 죽어서도 너 하나만큼은 잘되도록 해주꾸마"라고요. 어머니의 첫 선물치고 아주 훌륭하다는 생각입니다. 자동차를 없애고 자전거를 타게 된 것은 어머니 아니었으면 시도하지 못할 결단이라는 생각이 듭니다.

  자동차를 없애면서 염려했던 불편들은 그리 크지 않았습니다. 자전거 뒤에 짐칸을 달아서 20kg 택배 하나 정도는 읍내까지 싣고 가는 데 아무 문제가 없었습니다. 비가 오면 십 수년 전 중국 북경에서 사 온 자전거 전용 비옷을 입으니 안경은 물론 바지도 젖지 않고 편하게 페달을 밟을 수 있었습니다. 이 비옷은 자전거 인구가 많았던 중국에서 고안한 비옷이라 기막히게 잘 만들어졌습니다. 땀도 차지 않고 자전거 앞뒤로 비 가림이 완벽합니다. 농사일도 주변 분들의 트럭을 잠시 빌리는 것이 어렵지 않아 큰 불편이 없었습니다.

차가 없다 보니 밤낮없이 함부로 나다니는 쓸데없는 외출도 사라졌습니다. 툭하면 자동차를 몰고 나가는 습관은 자동차가 없어야 고쳐지는 것 같습니다. 사실 시골 농부들이 힘들어지기 시작한 결정적인 계기가 몇 있습니다.

첫째는 뭐니 뭐니 해도 비닐집입니다. 이것 때문에 엄청 힘듭니다. 농번기 농한기가 사라지고 늘 바쁩니다. 그다음이 뭐냐 하면 자동차입니다. 트럭에 4륜 지프에 마누라 승용차까지. 비가 오거나 눈이 오면 집에 들어앉아 쉬어야 하는데 자동차가 있으니 툭하면 끌고 나가게 됩니다. 밤낮도 없습니다. 아무리 먼 데서 부고가 와도 차를 몰고 가게 됩니다. 농부들의 쉴 시간을 빼앗은 게 자동차입니다.

마지막으로 꼽을 수 있는 한 가지는 농기계입니다. 농기계가 있으면 일이 쉬울 줄 알았습니다. 그러나 천만에. 농기계만 없었다면 빚더미에 올라앉지 않았을 농부들이 많습니다. 농기계 탓에 농사 규모가 엄청 늘었고 그만큼 농협에 빚을 지게 되는 것입니다.

여하튼 자동차가 없어지고 나니 하루 일정을 짜는 것도 계획적으로 바뀌게 되었습니다. 돌아오는 버스 편이 없는 곳의 모임에는 아예 갈 마음을 접게 되었습니다. 자동차를 없애면서 정한 원칙 하나는 남의 차를 얻어 타려고 애쓰지 않는다는 것이었습니다. 한 달에 32L씩 제게 나오던 농업용 트럭 면세유가 끝내 아까웠지만 추가 기름값이 들지 않아 결과적으로 이익이었습니다. 자동차 감가상각비와 보험료에다 세금, 기름값과 정비 요금 등을 대충 계산해도 한 해에 250만 원은 들어가는 셈이었는데 그게 절약되는 것으로 됩니다.

한동안 타고 다녔던 접이식 자전거

이렇게 제 생활이 바뀌다 보니 불쑥불쑥 걸려 오는 전화에서 "근처 지나고 있는데 집에 계시나요? 한번 들를까 하고요"라는 요청을 거절하게 됩니다. 자동차가 없으니 아무 방문 약속이나 받아들일 수 없게 되는 겁니다. 제가 바라던 생활 원칙입니다.

자전거에서 만나는 생명들

전기자전거는 중국제를 샀는데 기대 이상으로 성능이 좋고 절로 운동을 하게 해주었습니다. 특히 충전지 성능이 좋아서 왕복 15km의 읍내까지 거뜬히 오갔습니다. 안내서에는 50km까지 기동되는 성능이라고 하니 페달을 밟아 가는 구간을 생각하면 100km도 달릴 수 있는 전기자전거입니다. 제가 평지에 산다면 전기자전거를 선택하지 않았겠지만 자전거로 웬만한 볼일을 다 볼 생각이라면 평지에 살더라도 전기자전거를 탈 만하겠습니다.

자동차 대신 마련한 전기자전거를 타고 있다.

자전거로 가면 자동차로 갈 때보다 새로운 것들을 만나게 됩니다. 길가에 새로 피는 꽃이나 가로수의 변모가 생생하게 눈에 들어옵니다. 새 품목을 들이는 농장에는 멈춰 서서 살펴볼 수도 있고, 노인 일자리 구역을 지나다 보면 우리 동네뿐 아니라 아랫동네 할아버지 할머니 들을 만나 인사도 나눕니다. 자동차를 탈 때는 어림도 없는 일들입니다.

이른바 로드킬 당한 동물을 길가로 치울 수도 있습니다. 이제는 호미를 싣고 다니면서 인간의 자동차에 죄 없이 죽어간 생명들에게 가볍게 목례를 하고 묻어줄 수 있게 되었습니다. 차를 몰고 다닐 때는 로드킬을 보면 기겁을 하며 핸들을 꺾어 피해 가는 것에 그쳤는데, 자전거를 타니 비명횡사를 한 동물들에게 가해자인 인간 종족의 일원으로 최소한의 예의를 표할 수 있어 다행스럽습니다.

우리나라 교통정책은 잘못되어 있다는 지적이 많습니다. 대중교통을 발달시키지 않고 국민 세금으로 자꾸 도로만 만들어대니 자동차가 폭발적으로 늘고 환경파괴에, 농지도 많이 사라졌습니다. 자동차 관련 사고도 많습니다. 자전거를 타니 더 실감하게 됩니다.

우리나라 도로는 대부분 자동차 전용 도로라 해도 과언이 아닙니다. 자전거나 농기계, 사람이 다닐 공간을 두지 않은 구간이 많습니다. 시골 국도는 대부분 그렇습니다. 인도 자체가 없어서 자전거가 한 자도 안 되는 좁은 갓길로 가야 합니다. 대형 트럭이라도 과속으로 지나가면 아주 위험합니다. 특히 터널은 더합니다. 길이 갑자기 끊어졌다고 할 수 있습니다. 터널은 그것이 시골 국도라 해도 자전거는커녕 인도도 없습니다. 산을 넘어서 가라는 말인지 아득합니다. 도로 위 자동차들이 너나없이 규정 속도를 안 지킨다는 것을 목격하게 된 것도 자전거를 타고 나서입니다.

멈추면 비로소 보이는 것들

저도 그랬을 겁니다. 오른발로 액셀에 살짝만 힘을 줘도 자동차는 시속 100km를 쉽게 넘나듭니다. '권력이 있으면 남용하기 쉽고 자동차가 있으면 과속하기 쉽다'는 자각을 하게 되는 순간입니다. 권력이 있고 돈이 있어도 교만하지 않고 남을 무시하지 않는다는 것은 큰 공부가 필요한 일이라는 생각을 자전거 위에서 합니다.

한번은 후배가 자동차를 두어 달 주겠다고 했는데 거절했습니다. 제가 자동차가 없다는 걸 아는 그가 잠시 외국에 나간다면서 자기 자동차를 주겠다고 했지만, 절실하게 필요한 게 아니면 가지지 않는다는 생각으로까지 가 있는 제 생활 기준에 따라 거절한 것입니다. 이는 자전거를 타면서 정한 원칙입니다. 혜민 스님이 쓴 책 중에서 《멈추면, 비로소 보이는 것들》(쌤앤파커스 2012)이라는 책을 아실 겁니다. 이 제목을 '빠른 자동차에서는 만나지 못했지만 느린 자전거에서 만날 수 있을 것들'이라고 바꿔도 되겠습니다.

나라의 정책도 바뀌고, 자전거도 용도에 따라 다양한 모델이 개발되어 나오면 좋겠습니다. 자전거를 타다 보니 우리나라 자전거는 기능성 자전거에 치우쳐 있다는 생각입니다. 생활자전거가 절실해 보입니다. 건강이나 운동, 다이어트용이 대부분이다 보니 짐칸이 없습니다. 산악용 자전거가 있지만 일상생활을 담보하는 자전거는 아닙니다. 유모차 기능의 자전거나 짐을 싣는 자전거, 어린이를 둘 정도 태울 수 있는 자전거는 외국에서 쉽게 볼 수 있습니다. 탈착이 자유롭기도 합니다.

제가 자전거 뒤에 짐받이를 하나 달면서 그라인더로 안장 축을 갈아내야 했고, 뒷바퀴 축에는 와셔를 넣고 죄어야 했습니다. 자전거 수리점도 찾기 어렵지만, 있더라도 완제품을 팔지 부품을 팔지 않습니다. 수리할 수 있는 제품인데도 버리고 새로 사야 하는 실정입니다.

공공기관이나 대형 건물들로 이어지는 도로나 주차장 들이 자전거 이용을 편리하게 하는 쪽으로 바뀐다면 좋겠습니다. 보면 볼수록 자전거는 인류 최고의 발명품이라기에 손색이 없습니다. 힘의 작용과 물리법칙을 절묘하게 이용한 최고의 장치입니다.

5부

겨울나기

저장과 비움의 균형점을 찾아

1
먹을거리 갈무리

말리고 절이고 묻어
겨우살이

언젠가 무서리가 내려 고구마잎이 까맣게 마른 적이 있습니다. 호박잎도 머리를 푹 떨구었습니다. 원래 첫 서리에는 수분이 가장 많은 호박잎이 내려앉고 두 번째 서리에는 고구마잎, 세 번째 서리에는 수분이 상대적으로 적은 고춧잎이 폭삭하는 법이지만, 무서리가 너무 많이 와서 고춧잎만 남기고 죄다 쓸어버린 것이었습니다. 그래서 겨우살이를 서둘러야 했습니다. 아무것도 자라지 않아 거둘 것이 없는 겨울 동안에 먹을 것들은 미리 마련해야 합니다.

첫째는 널어 말리기

단풍이 들기 시작하는 가을날의 애호박은 자라서 늙은 호박이 되기에는 너무 늦지만 그 새파란 색깔만으로 단연 돋보입니다. 맛도 그만입니다. 좀 두껍게 썰어 멸치 한 줌 넣고 고춧가루 뿌려 살짝 지져 먹으면 좋은데, 하루 두세 개씩 따 오는 호박을 다 먹을 수가 없습니다. 여기저기 나누고 싶지만 택배로 보내려면 배보다 배꼽이 더 큽니다. 부지런히 썰어서 말려야 합니다. 먼저 반을 잘라 엎어놓고는 왼손 검지와 중지의 첫 마디를 그 위에 오그려 대고 큰 식칼로 내치듯이 비스듬히 썰어야 같은 두께로 썰기 좋습니다. 너무 얇게 썰면 마른 다음에 씹을 기리가 없습니다.

호박처럼 그냥 썰어 말리는 것으로 가지도 있습니다. 우리 집 가지는 미끈하게 생긴 게 하나도 없습니다. 굼벵이처럼 약간 휘어 자랍니다. 자연재배한 가지는 다 그런 것으로 압니다. 가지를 칼로 반 토막 내서 손바닥에 감싸 쥐고 사과 깎을 때처럼 칼을 안쪽으로 당겨 포 뜨듯이 썰면 같은 크기로 썰기 좋습니다. 감자나 사과도 얇게 썰어 말릴 수 있습니다. 감자는 말려두었다가 튀기면 감자칩이 됩니다. 돼지감자도 마찬가지인데 얇게 썰어서 바로 염도 4% 정도의 소금물에 담갔다가 말리면 전분이 빠져서 좋습니다. 돼지감자는 말려두었다가 살짝 덖어서 차로 우려먹어도 좋습니다.

호박은 두세 번만 뒤집어주면 사흘이면 다 마릅니다. 가장 더디 마르는 것이 바로 고추입니다. 기본이 보름입니다. 개량 고추는 육질이 두꺼워서 더 오래 걸립니다. 비닐집은커녕 비닐멀칭도 하지 않는 저에겐 고추 말리는 각별한 요령이 있습니다. 먼저 고추 꼭지를 땁니다. 그러면 잘 마릅니다. 스테인리스강 망인 새시용 모기장을 양철 지붕에 올려 널면 잘 마릅니다.

고추 세 벌 따기가 넘어가면 햇살도 수그러듭니다. 이때는 아예 가위로 반을 잘라서 말립니다. 고추는 잘라 말리면 맛이 빠져 나간다는데 고추씨를 흘리지 않도록 해서 말리면 덜합니다. 고추를 팔 때도 서로 믿고 고춧가루 400g을 한 근으로 쳐서 파니까 꼭지 따고 쪼개서 말려도 아무 문제 없습니다.

둘째는 데쳐 말리기

고춧잎이나 고구마 순은 데쳐서 말려야 합니다. 그냥 말리면 질겨서 먹기 힘듭니다. 요즘은 냉장고가 커져서 데쳐서 짜고 비닐에 담아 냉동실에 보관도 하지만 제 냉장고는 작기도 하려니와 저는 자연 보관을 더 좋아합니다. 자연 보관은 크게 말리기, 절이기, 냉장하기가 있을 텐데 최근에는 진공 보관도 있는 모양입니다. 그러나 이것은 전통 방식은 아닙니다.

고춧잎과 고구마 순은 몇 시간 동안 고개가 빠져라 따가지고 밤새 껍질 벗기고 데쳐놓으면 양이 엄청 줍니다. 그런데 이걸 다시 말려보면 어이없을 정도로 더 줄어듭니다. 호박을 썰어 말렸을 때 느끼는 실망감과 비교도 못 할 정도입니다. 옥수수도 냉동 보관한다는데 저는 한 번도 그런 적이 없습니다. 말려서 보관하는 것이 자연 상태에 가장 가깝습니다. 그냥 말리건 데쳐서 말리건 잘 마른 다음에는 보관 방식이 중요합니다. 바짝 마르면 딱딱하게 굳어서 거두어들일 때 '따글따글' 소리가 나는 듯합니다. 갈무리를 해야겠다 싶으면 해가 떨어지기 직전에 거두어

널어 말리기(왼쪽)와 데쳐 말리기

들여야 합니다. 해가 지고 눅진 뒤라면 다음 날 다시 말려 보관하는 게 낫습니다.

   요즘은 김장용 두꺼운 비닐도 있고 보관용 얇은 비닐도 나오는데, 조심스레 쓸어 담지 않으면 잘 마른 농작물이 바늘처럼 비닐을 찢기도 합니다. 비닐에 구멍이 났다 하면 과감하게 비닐봉지를 바꾸는 게 좋습니다. 비닐에 담았으면 그다음이 문제입니다. 최대한 공기가 없도록 해야 자체 산화가 안 되고 잘 보존됩니다. 그래서 요즘 많이들 하는 것이 진공청소기 막대기를 비닐봉지 주둥이에 대고 공기를 한 톨도 안 남기고 빼내는 방식입니다. 비닐봉지가 미라처럼 쪼글쪼글 변합니다.

독을 땅에 묻고 둘레에 왕겨를 채우는 모습(위).
완성되면 짚 고깔모자를 씌워놓는다.

자연에서 '왕겨 독 묻기'로 냉장 보관

요즘 웬만한 농가에는 저온 창고가 있습니다. 아니면 동네별로 있기도 합니다. 저온 창고는 농가 전기를 쓰기 때문에 요금이 싸고 누진도 안 됩니다. 동네 저온 창고에 김치를 보관해도 되지만 오가기 귀찮기도 하려니와 저온 창고에 드나드는 기분도 썩 상쾌하지 않습니다. 저는 왕겨 독 저장을 합니다. 김치뿐 아니라 무, 감자를 보관해봤는데 효과 '짱'입니다.

왕겨 독 저장은 20여 년 전 언젠가 전북 임실에 있는 일본식 건물의 얼음 창고를 보고 힌트를 얻어 만들었습니다. 얼음 창고로 쓰였다는 건물은 사방이 1m 두께의 왕겨로 단열됐는데 겨울에 강에서 얼음을 잘라다 둬서 여름까지 보관했다고 합니다.

방법은 의외로 간단합니다. 우선 땅을 파서 독이 앉을 자리를 넉넉하게 확보합니다. 옛날처럼 기온이 안정적일 때는 땅에 묻으면 안전하지만 요즘처럼 날씨 변덕이 심할 때는 독 뚜껑이 보일락 말락 묻어두면 꺼내 먹을 때 김치가 쉬어 있거나 무나 감자가 얼기 십상입니다. 그러나 독 자리를 넉넉하게 파고 왕겨를 충분하게 사방으로 채워 넣으면 아주 훌륭하게 단열이 됩니다. 날씨가 웬만큼 변덕을 부려도 땅속 독의 온도는 늘 같은 저온을 유지합니다. 첫해에는 바닥에 왕겨를 한 자쯤 깔고 둘레로도 한 자쯤 촘촘히 넣고는 마음 턱 놓고 있었는데, 웬걸? 눈이 녹아 왕겨 사이로 스며서 얼었다 풀렸다 하다 보니 무에도 싹이 나고 감자는 얼어서 썩어버렸습니다. 김치도 쉬어버리고요.

그다음 해부터는 비닐을 독 구덩이 전체에 깔고 왕겨를 넣었더니 완벽한 왕겨 독 냉장고가 되었습니다. 왕겨 넣는 방식에는 순서가 있습니다. 먼저 널찍한 비닐을 두 겹으로 깔고 바닥에 왕겨를 붓습니다. 그 위에 독을 앉히고는 차곡차곡 왕겨를 독 둘레로 쏟아 붓습니다. 독 둘레로 고르게 왕겨 두께를 유지하는 게 중요합니다. 독 뚜껑을 덮었으면 그 위에 또 왕겨를 쌓고 마지막으로 그 위에 짚으로 고깔모자를 씌우면 완성입니다. 짚 고깔모자는 비나 눈이 올 때 이를 흘러내리게 합니다.

2
겨울철 음식 보관

음식 저장의
새로운 경지
'냉수 저장고'

시골에서 농사짓고 살다 보면 무언가를 해결하기 위해 어린 시절의 기억에 매달릴 때가 있습니다. 앞뒤 기억을 되풀이해 돌아보면 기억이 더 뚜렷해지기도 하지만 끝내 비어 있는 몇 군데는 상상으로 미루어 짐작하기도 합니다. 시골에서 유년 시절을 보낸 제 몸속에 '촌놈 DNA'가 깊이 박혀 있나 봅니다. 이번에는 두 가지가 떠오르는데 하나는 말린 무와 고구마를 실에 꿰어 조청에 절여 먹던 것이고, 또 하나는 고욤을 독에 저장했다가 한겨울 눈 내리는 날에 한 숟갈씩 떠 먹던 기억입니다.

고구마와 고욤은 천생연분

언젠가 고구마 농사가 풍년이긴 한데 알이 무척 잘았습니다. 대신 맛은 좋았습니다. 하늘은 공평한지라 특별한 경우가 아니고서는 크면 맛이 없고 잘면 맛있습니다. 땅 관리를 잘해서 알맞게 키우는 것이 농부의 관록입니다. 서너 번 나눠 캐다 보니 늦게 캔 고구마는 서리를 두 번이나 맞은 탓에 몇 군데씩 점박이가 박혀 썩었습니다. 고구마는 만약 귀퉁이 한 군데라도 얼어서 썩었다 하면 걷잡을 수 없이 계속 썩어 들어갑니다. 이럴 때는 어떻게 했더라? 인기를 끌었던 영화 〈인터스텔라〉(2014)에서처럼 웜홀을 통해 50년 전 고향 마을로 갑니다.

안방 머리맡에 볏짚 사이사이 싸릿대를 넣어 엮은 고구마 뒤주가 있고 그 안에 있는 고구마는 결코 썩은 적이 없었습니다. 상처 난 고구마도 없었습니다. 고구마 캐는 날부터 며칠 동안은 밥 위에도 고구마요, 새참도 고구마였습니다. 주로 상처 난 고구마들.

호미에 상하거나 귀퉁이가 얽은 고구마를 가려내 그때처럼 먼저 먹지만 며칠 지나서 보면 고구마 상자에는 두세 개씩 썩어가는 게 꼭 보입니다. 문득 또 떠오른 기억은 어릴 적 뒷산에서 나무 한 짐 해 오면 어머니가 살강 어딘가에서 조청에 버무려 쫀득쫀득한 고구마 조각을 꺼내주시던 장면입니다. 감추기에 능수인 어머니는 많은 자식을 고루 먹이기 위해 도무지 찾아낼 수 없는 곳에 겨울 먹을거리들을 숨겨두고는 조금씩 꺼내주셨는데, 그때 먹던 그 고구마를 만들어보기로 했습니다.

자잘한 고구마와 귀퉁이가 상한 고구마를 중심으로 잘 씻고 칼로 다듬어서 군불 때는 솥에 받침대를 걸치고 쪘습니다. 물에 잠기게 삶으면 너무 물러 식감이 좋지 않습니다. 말리기도 힘듭니다. 장작불을 조절해

고구마를 말리려고 납작하게 썰고 있다.

가며 젓가락을 찔러서 겨우 들어갈 정도로 고구마를 살짝 쪄냈습니다. 찬물에 급히 식혀서 칼로 길게 삐치듯이 잘라 말렸습니다. 모양으로 따지자면 세로로 길게 자른 가래떡과 비슷합니다.

밤에는 집에 쥐들이 극성이라 우선 부엌으로 들이고 날이 새면 앞마당 볕에 말리기를 1주쯤 했더니 고들고들해졌습니다. 더 말리면 안 됩니다. 감자칩은 바짝 말려서 수분을 없애야 하지만 고구마는 감자칩처럼 튀길 게 아니니까 쫀득쫀득할 때 밀봉합니다.

말리면서 당도가 많이 올랐는지 그냥 먹어도 달았습니다. 그래도 입맛에 따라 더 단 걸 원하는 사람은 잼 대신 찍어 먹으라고 100년도 더 된 앞마당 고욤나무에 올라가 고욤을 따서 통에 담았습니다. 빈틈이 생겨 공기 접촉이 많아지면 곰팡이가 피기 때문에 주걱으로 꾹꾹 눌러 담았습니다. 한 달 정도 숙성시키면 떫은 기가 싹 없어집니다. 둘이 궁합이 맞아 한겨울에 좋은 주전부리가 됩니다.

고욤을 따서 골라 담고 있다.

여름·겨울 공용 냉수 저장고

문제는 보관입니다. 겨울 음식 보관에는 왕겨 보관법 못지않은 게 바로 '냉수 저장고'입니다. 독특한 제 발명품입니다. 그 효시는 여름철 흐르는 계곡물에 반찬통과 과일을 푹 담가두는 것이었습니다. 누구나 하는 방법입니다. 그게 한발 더 발전해 냉수 저장고가 된 것은 물의 기화열을 이용하면서입니다.

겨울철에는 보온재로 저장고를 둘러쌉니다. 하지만 여름에는 보온재 대신 부직포를 여러 겹 둘러싸서 그 둘레에 일정한 양의 물을 흘려 넣습니다. 그러면 물이 부직포 속으로 빠르게 번져가면서 기화열이 생기는데 그 효과가 상상 이상입니다.

물 1g당 80cal의 기화열이 저장고 내부의 온도를 내려줍니다. 부직포의 표면적을 최대치로 만들어야 물이 수증기로 증발하는 기화가 잘됩니다. 저장고를 그늘에 두고 저장고 표면에 공기 흐름을 원활하게 하면 효과적입니다. 전기 1W도 안 쓰고 음식을 시원하게 저장할 수 있습니다. 더운 날 마당에 물을 뿌리면 시원해지는 원리와 같습니다. 제게 김치냉장고가 없다는 걸 알고 쓰던 것을 주겠다는 분이 있었지만, 거절한 이유는 냉수 저장고를 겨울용으로 변형해서 쓸 수 있기 때문입니다.

여름철 저장고가 기화열을 이용한 것이라면 겨울철 저장고는 물의 어는점을 이용한 것입니다. 모든 물체는 온도가 내려갈수록 비중이 커지고 부피가 줄어들지만 물은 다른 특징이 있습니다. 4℃에서 비중이 가장 높습니다. 0℃가 되면 그때 업니다.

그렇기 때문에 날씨가 추워져 온도가 내려가기 시작하면 4℃가 된 물은 비중이 커지면서 아래로 가라앉고 0℃에 이르게 되는 표면은 업니다. 추워서 얼음이 꽝꽝 얼어도 얼음장 밑의 물이 얼지 않는 이유입니다. 물통에 담긴 물의 아래쪽 역시 그렇습니다. 보온재가 물통 측면의 냉기를 막아주고 물통 위쪽만 겨울 추위를 접촉하기 때문에 물통 속은 4℃를 유지합니다. 음식 보관하기에 아주 적절한 온도입니다.

물통 위에 얼음이 얼면 음식을 꺼낼 만큼만 깨면 됩니다. 비닐봉지에 1회분씩 밀봉하여 넣어둔 저장음식에는 김치도 있고 생밤도 있고 단감도 있습니다. 제가 사는 덕유산 기슭처럼 날씨가 추운 곳이면 더욱 좋습니다. 물통은 외부 창고에 두는 게 좋습니다. 본격적인 겨울이 되어 영하 10℃가 계속될 즈음에는 물에 왕소금을 한 바가지 넣어주면 제대로 성능을 발휘합니다. 어는점이 더 내려가기 때문에 음식을 꺼내기

과학의 원리를 이용한 냉수 저장고

가 좋습니다.

하나 주의할 게 있습니다. 비닐봉지에 음식을 담을 때 공기가 비닐봉지 속에 전혀 들어가지 않게 해야 됩니다. 그래야 음식이 물통에서 어중간하게 반쯤 떠 있지 않고 물속에 안전하게 가라앉습니다. 음식들이 각기 부력을 받으니까 유영하듯이 짓눌리지 않고 꺼내기 좋습니다. 공기를 효과적으로 빼내는 방법으로는 역시나 진공청소기 활용이 최고입니다.

3
겨울나기

봄이 오려면 모진 겨울이 있어야

언젠가 우리 집에 모였던 '보따리학교'(cafe.naver.com/pottari) 아이들에게 물어본 적이 있습니다. 만약에 겨울이 없다면 어떨 것 같으냐고요. "겨울이 왜 없어요? 지금 겨울이잖아요"라는 아이도 있었고 "눈사람을 못 만들어요"라는 아이도 있었습니다. 아이다운 대답입니다. 어른들은 아마 겨울 하면 일단 난방비에다 빙판길을 떠올릴 겁니다. 겨울이 없으면 돈 안 들고 안 추워서 좋을 거라고 할지 모릅니다. 난로 장사를 비롯해 겨울 장사를 하는 사람들은 겨울이 꼭 있어야 하고 매섭게 춥기를 바랄지 모르지요. 겨울의 의미와 기대가 다들 다릅니다.

겨울이 이끌어주는 삶

20여 년 겨울 시골살림을 해왔습니다. 겨울나기 준비로 땔감을 하기 위해 지게를 지고 부지런히 산을 오르내리는 것은 가을이 시작되면서부터입니다. 몇 해 전 15호 태풍 볼라벤이 아름드리나무를 여러 그루 쓰러뜨려 땔나무를 마련해준 적이 있습니다. 하지만 볼라벤은 장독대 옆에 있는 수령 50~60년은 될 오동나무 허리를 분질러서 3년째 숙성시키던 유기농 매실 효소 독을 깨버렸습니다. 공정무역 유기농 설탕으로 만들었으니 재료비만 100만 원에 가까웠습니다. 땔나무치고는 지나치게 비싼 값을 치른 셈입니다.

갈비(솔가리)도 해서 불쏘시개로 씁니다. 가랑잎을 긁어내려 밭에 덮기도 하고 거름자리 뒤집을 때 섞기도 합니다. 김장도 곧 합니다. 볕에 잘 말린 고추를 넉넉히 김장용으로 따로 보관해두기도 합니다. 김장 무 외에 시래기 무도 심었으니 밭에서 더 갈무리도 합니다.

겨우살이 준비는 이렇게 저장하는 것으로 시작해서 끝납니다. 한문 공부할 때 보는 천자문에 자연현상과 인륜 도덕에 대해 정리되어 있는데, 여섯 번째 구절도 그렇습니다. '추수동장(秋收冬臧)', 가을에는 거두어들이고 겨울에는 정성껏 잘 보관해두라는 말입니다. 그래서 겨울 밥상은 저장음식으로 차리게 되는 것입니다.

만약에 겨울이 없다면? 10여 년 전에 인도에 가서 꽤 심각하게 생각한 적이 있습니다. 인도 최남단 타밀 주에 있는 오로빌 공동체에서입니다. 집을 짓는 게 너무 쉬웠습니다. 구들이나 다른 난방장치가 없었습니다. 단열재도 간단했습니다. 외부 시선과 동물 침입을 막는 정도가 전부처럼 보였습니다. 이미 귀농 7년차 때 직접 황토 기와집을 짓느라고 말도 못 하게 고생했던 터라 우리에게 겨울이 없다면 집을 짓는 게 인도에서만큼이나 쉬웠으리라는 생각이 들었습니다. 우리나라의 겨울은 집을 짓고 난방을 하는 데만 머물지 않습니다. 먹을거리 저장에만 해당되지도 않습니다. 겨울이야말로 우리를 부지런하고 지혜롭고 순리에 따르는 삶으로 이끌어줍니다.

천지운행 이치 깨치고 만물의 물성 알아야

0℃가 되면 바로 썩기 때문에 서리가 내리기 전에 꼭 캐야만 하는 고구마. 서리 맞혀도 되는 서리태와 야콘. 추워지면 가빠(비바람이나 눈보라를 막기 위해 만든 두꺼운 천)와 보온 덮개로 어둑발 지는 저녁에 부랴부랴 배추밭을 덮어야 하고, 보리나 밀, 마늘 같은 월동 작물이 얼지 않게 하려면 추위가 시작되기 전에 뿌리가 튼튼히 내리도록 해줘야 합니다.

서리 맞은 감은 한순간에 홍시가 되면서 최고의 감식초 재료가 됩니다. 고욤도 그렇습니다. 첫서리 때 당도가 가장 높습니다. 땔감 준비하고 음식을 저장하고 집 단열 채비까지, 겨울 한 철을 나기 위해 준비하고 예측할 것이 한두 가지가 아닙니다. 준비를 하지 않으면 얼어 죽습니다. 천지운행의 이치를 깨쳐야 하고 만물의 물성을 알아야 합니다. 그래야 겨울을 납니다.

우리 집에 모였던 보따리학교 아이들은 산골 마을이 춥다 보니 아궁이에 불을 엄청 땠습니다. 도시 아이들이라 보일러처럼 금방 따뜻해질 줄 알았나 봅니다. 방이 따뜻해지지 않자 계속 나무를 아궁이에 밀어

5부 / 3 겨울나기

겨울에 아궁이에 불을 때 난방을 하려면 열과 나무, 온돌에 대한 이해가 필요하다.

넣었습니다. 그네들이 낮에 해 온 까치집만도 못한 나무들로는 턱도 없이 많은 나무가 아궁이로 들어갔습니다. 그날 밤에 아랫목은 장판이 눌어붙을 정도로 뜨거워서 다들 윗목으로 몰려서 잤습니다. 어떤 아이는 아랫목을 지나다 발을 데기조차 했습니다. 이뿐 아닙니다. 훨훨 타오르는 불길 속에 알루미늄 포일을 싸지 않은 고구마를 던져 넣어 죄다 숯덩이를 만들었습니다. 단 한 녀석도 잿불에 구워야 하는 걸 몰랐습니다. 아이들은 며칠 동안 열전도율과 피크 오일, 화목보일러와 전열기의 열효율 등을 공부했습니다. 군고구마 장수가 응용하는 화덕의 원리도 배우고 나무와 숲도 익혔습니다. 겨울을 잊고 살던 아이들이 큰 공부를 하는 기회를 얻었습니다.

가을은 겉으로, 겨울은 안으로 여무는 시기

논밭이 얼었다 녹았다 하고 서릿발이 생기면서 땅은 크게 호흡하기 시작합니다. 지렁이 등 땅속 동물들은 겨울잠을 위해 구멍을 내고 땅속 깊이 들어가 흙을 살아 숨 쉬게 합니다. 씨앗들도 겨울을 나면서 단단해집니다. 바싹 말린 씨앗들이 처마 밑이나 광주리 안에서 겨울을 나면서 새싹을 돋아낼 힘을 기릅니다.

외양간이나 뒷간을 쳐내서 거름 자리를 수북이 쌓아 올리면 이것이 썩느라 겨울인데도 아침저녁으로는 허연 김이 풍풍 솟습니다. 겨울에 만드는 거름은 시간이 오래 걸리고, 거름 속 미생물도 다릅니다. 목질과 광물질이 들어가니 거름에서 가장 중요한 탄질비도 좋습니다. 통나무를 자르고 도끼질을 하면 한겨울에도 웃통을 벗게 됩니다. 그만한 근력과 집중력 운동이 없을 것입니다. 씨름 선수나 레슬링 선수가 기초 체력을 위해 톱질과 도끼질을 한다고 들었습니다.

봄과 여름이 탄생과 성장의 시기이고 가을이 겉으로 여무는 시기라면, 겨울은 안으로 여무는 시기입니다. 몸을 단단하게 하고 마음을 여미는 계절입니다. 그래서 겨우 살아내라고 겨우살이라 하나 봅니다. 겨울이라는 말의 어원도 '가만히 집 안에 있는 때'라고 합니다. 내면의 살림을 꾸리는 적기는 겨울입니다. 한 송이 국화꽃을 피우기 위해 봄부터 소쩍새가 울고 무서리가 내리고 천둥번개가 치는 것은 이해하지만, 꽃이 피고 새싹이 돋는 봄이 오기 위해서는 모진 겨울이 있어야 한다는 것은 잘 알지 못합니다.

여기까지 읽다 보면 이게 도대체 어느 시대 이야기인가 싶을 것입니다. 우리는 겨울이 없는 생활을 한 지 오래입니다. 아니, 겨울을 죽여버린 삶입니다. 땔감 마련할 필요도 없습니다. 김장 외에는 저장음식도 걱정하지 않습니다. 씨앗은 봄에 농약 가게에 가면 다 있고, 거름도 농협에서 때맞춰 원하는 만큼 농장까지 실어다줍니다. 한마디로 모든 게 시장에 있습니다. 시장이 블랙홀처럼 다 빨아들였습니다.

그렇다면 농부들은 겨울에 뭘 하고 살까요? 돈 벌고 삽니다. 천지운행은커녕 날씨도 크게 개의치 않고 돈벌이하고 삽니다. 엊그제 집 뒷벽에 보온재를 대고 비닐을 치려고 철물점에 들렀다가 주택가 공사판을 지나게 되었는데 아는 귀농인이 잡부로 일하고 있었습니다. 겨울에 마땅히 할 일은 없는데 여전히 돈은 많이 드니 아예 도회지로 품팔이 나가는 농부도 많습니다. 아니면 소를 키우거나 비닐집에서 겨울 채소를 키우거나 딸기 농사를 합니다. 토마토나 호박, 오이 농사도 합니다. 쉴 틈이 없습니다. 농한기라는 말이 사라진 지 오래입니다. 쉬면서 안살림 할 겨를이 없습니다. 아이들은 교육시장에 맡긴 지 오래고 건강은 의료자본이 다 장악했습니다. 겨울에 집에 앉아 있을 수 없는 이유입니다. 빨리 벗어나야 할 삶의 방식입니다.

비움의 잔치, 덜어내기 수련

몸과 마음을 물방울처럼 단단하게, 가을 햇살처럼 가지런하게 하는 겨울이 되기 위해서는 수련만 한 게 없습니다. 명상과 수련은 자기 안에 깃든 신성을 일깨우는 작업이요, 자신을 바라는 모습으로 만드는 일입니다. 정색하고 말하지만, 볼일 보고 나서 자기가 싼 똥 한 번 내려다볼 틈도 없이 벌어들인 돈이 주로 어디에 쓰이는지는 살펴봤으면 합니다.

근 10여 년 전부터는 시민단체에서도 연말이면 '비움의 잔치' 또는 '덜어내기' 수련이다 하여 단식 수련을 하는 곳이 많아졌습니다. 단식 수련은 기본 수련입니다. 배를 비우면 마음이 빕니다. 갖가지 요망스러운 욕

두 눈을 감고 고요히 나를 들여다보는 명상을 한다.
이곳은 2016년 1월에 간 남미 아르헨티나의 제2도시 코르도바에 있는 아난다마르가 공동체다.

망들을 저만치 떼어 내놓고 관찰할 수 있습니다.

씨앗 중에서 껍데기가 가장 단단한 것은 고수 씨앗입니다. 씨를 뿌려도 싹이 나지 않을 정도로 단단해서 손절구로 겉껍데기를 살짝 벗겨서 심어야 합니다. 사람은 가장 단단한 부위가 어딜까요? 뇌를 보호하는 머리뼈가 단단하다고 하지만 사실 습관이나 업보다 더 단단한 것이 없습니다. 이것을 벗겨내는 데, 고수 씨앗에 손절구 구실을 하는 것이 바로 수련입니다.

저는 연말연시마다 충남 논산 원불교수련원 '삼동원'이나 대전 '평화의 마을', 지리산 정령치의 계곡 아니면 집에서 단식을 해왔습니다. 이것이 농부의 특권이기도 합니다. 모든 작물이 잠들어 있는 때, 가지들이 잎을 떨구고 성장도 멈추어 뿌리만 겨우 살아 버티는 겨울, 그들이 농부에게 시간을 내주는 것이 아닐는지요.

단식을 하려면

단식 방법과 그에 따른 효과는 워낙 다양해서 한가지로 소개하기 어렵다. 단식의 목적과 기간, 또는 어떤 환경에서 할 것이냐에 따라 각기 다르다. 때로는 원리와 방법에서 서로 상충하는 경우도 있을 정도다. 과일 단식, 소금 단식, 생수 단식 등 최소한의 영양 보충을 무엇으로 하면서 할 것이냐에 따른 구분도 있고, 일상 활동을 유지하면서 할 것이냐 혹은 단식원이나 수련원에 들어가서 집중적으로 할 것이냐에 따른 구분도 있으며, 냉온욕이나 풍욕, 산책, 명상, 체조, 관장 등을 하느냐 안 하느냐에 따른 구분, 감식과 보식의 필요성과 기간에 따른 구분 등도 있다.

물론 중요한 것은 저마다의 체질이나 건강 상태에 적합한 방법을 찾는 일일 테다. 단식은 육체적·정신적 무리가 있을 수 있기에 함부로 할 것은 아니다. 자기 몸을 섬세하게 관찰하고 깊은 애정을 기울이면 몸의 소리를 듣게 되는데, 그 몸의 말을 따라 하면 된다. 이는 실제로 해봐야 비로소 이해하게 된다.

단식을 돕는 단체는 전문 수도원도 있고 시민단체도 있다. 정기적으로 단식 교실을 여는 곳도 있는데, 주로 연말이나 휴가철에 '비우고 덜어내는' 프로그램을 많이 한다. 인터넷에서 검색하면 다양한 프로그램을 발견할 수 있으나 이왕이면 주변에 단식 수련을 하는 분이 있으면 소개받는 것이 좋다. 아래 책들도 참조할 수 있다.

사람을 살리는 단식

장두석 편저 | 정신세계사 펴냄 | 1993년

오혜숙 생활단식

오혜숙 지음 | 호이테북스 펴냄 | 2015년

내 몸이 맑아지는 주말단식

곽순애 지음 | Y브릭로드 펴냄 | 2009년

1日1食

나구모 요시노리 지음 | 양영철 옮김 | 위즈덤하우스 펴냄 | 2012년

6부

문화생활, 양육, 부양

놀고
키우고
모시고

1
문화생활

놀며 일하고
일하며 노니
삶이 곧 문화

돌이켜보면 농사짓고 살면서도 이것저것 다 해보며 살았습니다. 개집도 지어주고 사람 사는 집도 짓고, 옷감을 물들여 옷도 지어 입고, 구들 놓는 학교도 다녔습니다. 구들학교는 말이 학교지 그냥 즐거운 여행이자 놀이입니다. 나이가 차고 때가 되어선지 농사짓고 살면서야 비로소 비행기 타고 외국에도 나가게 되었습니다. 귀농하고 22년 동안 자그마치 10여 개가 넘는 나라를 여러 번에 걸쳐 다녀왔습니다. 중국에 네댓 번, 일본, 독일, 필리핀은 각각 일주일에서 열흘씩 다녀왔습니다. 인도 오로

빌 공동체에도 갔었고, 호주와 뉴질랜드, 라틴아메리카에도 다녀오고, 북유럽 5개국을 열흘 동안 돌아본 적도 있습니다.

비닐농사 안 하면 겨울도 비 오는 날도 '노는 날'

특별히 기억에 남은 몇 가지가 있습니다. 겨울 농한기를 이용해 석 달짜리 영화학교를 다녔는데 급기야는 제 작품이 상영되기에 이르렀습니다. 지방지에도 크게 실리고 '감독과의 대화'라는 자리도 마련되어서 관객 100여 명 앞에 서기도 했습니다. 영화학교는 물론 공짜로 다녔습니다. 시골에 와서 살면서 대부분의 것을 공짜로 누렸습니다. 외국 여행도 공짜가 많았습니다. 전주국제영화제도, 세계소리축제도 공짜 표가 심심찮게 생겨서 매년 구경을 갔습니다. 이럴 수 있었던 건 비닐농사를 하지 않았기 때문입니다. 비닐농사는 자연도 망치지만 사람도 잡습니다. 비닐농사를 하면 농한기가 따로 없이 늘 농번기입니다. 밤낮이 따로 없을 때도 많습니다. 요즘 토마토를 시설재배하는 사람들은 일주일에 세 번 정도를 선별·포장 작업을 하느라 밤 12시까지 일합니다. 규모가 2천 평 정도면 일꾼을 서너 명 고용합니다.

그러나 비닐농사를 안 하면 겨울도, 비 오는 날도 다 노는 날입니다. 저는 지난 22년 동안 한 번도 비닐농사를 하지 않아서 상대적으로 시간 여유가 있었습니다. 어느 해 겨울은 옆 동네 풍물패에 끼여서 쇠와 장구를 쳤습니다. 공연은 못 해봤지만 기본 가락을 익혔습니다. 어느 겨울에는 단소 강습에 나가기도 했고, 기타 교실에 등록해 청음력을 키우고 발성 연습도 했습니다. 아쉽게도 전 과정을 마친 곳은 별로 없습니다. 장수에 와서는 문인화 반을 다니면서 사군자도 그리고 전시회도 가곤 했지만 도중에 그만두었습니다. 강박관념 없이 놀러 가다시피 참여하다 보니 과정을 끝내야 한다는 의지가 잘 작동하지 않았습니다. 그러다가 문득 생각이 나면 혼자서 먹을 꺼내놓고 붓을 들곤 합니다.

놀 수 있는 사람은 매여 있지 않아야 합니다. 축산을 하는 사람은 아침저녁으로 꼭 그 시간에 짐승 먹이를 줘야 합니다. 자기가 못 하면 누군가 대신 하게 해야 합니다. 비닐농사도 마찬가지입니다. 겨울에 돈 들여 불 때가면서 짓는 농사를 대충대충 할 수는 없습니다. 하지만 일에 매여 밤낮없이 1년 내내 일하나, 자연에 기대서 무리하지 않고 사나 큰 차이가 없습니다. 돈 많이 버는 쪽으로 살면 쓰는 돈도 비례해서 커집니다. 그때 돈은 대개 자연을 훼손하고 사회 공공재를 망가뜨리는 쪽으로 쓰입니다. 도리어 자연의 흐름에 맞춰 사는 게 건강도 지키고 마음도 지키고 자연도 지킵니다. 계절과 절기와 기후와 날씨에 따르는 생활, 거기에 영향받는 삶, 이게 놀이와 문화의 출발점이 아닐까 싶습니다. 무릇 예술이라는 것은 삶의 승화이자 차원의 변환이라고 생각합니다. 일상이 굳건한 토대가 되어 그 위에서 다양한 형식으로 변주되는 것이 문화이고 예술인 것입니다.

대보름이나 한식, 단오, 백중 등 세시풍속이 다 그런 것입니다. 계절 변화와 생활의 변곡점에서 몸과 농사일을 조절하는 행사입니다. 세시풍속을 월령(月令) 또는 시령(時令) 등으로 불렀던 데서도 알 수 있듯이 태음력을 기준으로 우주 운행의 주기성과 변환성을 같이 담아낸 세시풍속은 참농부의 삶을 담고 있습니다. 노동과 분리되지 않은 놀이, 자연과 멀어지지 않은 노동, 완급이 조절되는 주기성과 변환성. 이보다 완벽한 무대가 어디 있을까요. 농사짓는 사람의 터전이 바로 그렇습니다. 천리

지역 축제 때 의상을 입고 공연에 나섰다. 왼쪽 두 번째가 나다.

를 역행하지만 않는다면 농민이야말로 가장 예술적인 존재입니다. 시인 박노해도 그렇게 말했습니다. 농부가 예술가라고. 온 누리를 무대로 매일매일 작품을 만드는 예술가, 세상을 매일 디자인하고 쇄신하는 사람.

시골에 와서 살면서 1주 단위의 생활이 장날 중심인 5일 단위로 슬그머니 바뀌었습니다. 일요일이라는 개념도 없습니다. 국경일도 별 의미가 없습니다. 시골살이는 빨간 날이라고 해서 공휴일일 수 없기 때문입니다. 오늘이 무슨 요일인지를 알 수 없게 되어버립니다. 귀농해서 요일 개념이 바뀌는 체험은 누구나 겪는 과정입니다. 쉬는 날은 하늘이 그때그때 정해주고 스스로 삶의 강약을 조절하면서 정하는 것이지, 인간의 기념일 중심이 아닌 셈입니다.

우리 고장에서 공청회가 열린 적이 있습니다. 산골 마을로 쓰레기 공장이 들어온다고 해서 두 달 넘게 집회도 하고 차량 시위도 벌이는 중에 공청회를 열었습니다. 일기예보를 보고 날을 잡았습니다. 아니나 다를까, 그날 비가 부슬부슬 내렸습니다. 도시인들이 공휴일이나 주말에 촛불집회를 하는 것과 같이, 우리는 공휴일을 스스로 만들고 그날 모여 공청회를 엽니다. 바쁜 농사철이니까 실내 집회를 할 때는 이왕이면 비 오는 날을 잡고, 길거리 시위를 할 때는 맑은 날을 잡습니다. 날짜부터 잡아놓고 날씨가 어떨지 걱정하는 도시 사람들과 다릅니다. 자연과 더불어 사는 삶이란 산 좋고 물 좋은 시골에 들어가 사는 장소 중심의 문제가 아니라, 세상의 흐름과 생활의 흐름을 일치시키는 것입니다.

일터에서도 아무 데서나 덩실덩실

귀농해서 살려고 할 때 고려하는 여러 가지 사항 중 하나가 문화생활입니다. 무대 공연 중심의 문화를 생각하면 시골은 당연히 문화 혜택이 적습니다. 영화관이 없는 시군이 많고, 뮤지컬이나 유명 가수의 공연도 시골에는 없습니다. 그런데 사실 도시에 살더라도 영화관이나 연극 공연장을 얼마나 자주 찾아, 뮤지컬이나 유명세 있는 가수의 공연을 볼까요? 실상은 그런 것은 중요하지 않습니다. 귀농해 살면 문화 혜택이 빈약하다고 생각하는 건 문화에 대한 몰이해에서 비롯한 것 아닐까 싶습니다.

얼마 전에 우리 마을에서 바닷가로 봄놀이를 다녀왔습니다. 엊그제는 아랫마을에서 봄놀이 가는 날이었는데, 마침 그날 면사무소 앞에서 주민잔치가 열렸습니다. 그런데 이웃 면의 풍물패가 축하를 하러 와서 사물놀이를 해주었습니다. 축하를 하러 온 이유는, 주민들이 반대하던 쓰레기 공장 사업이 불허가 났기 때문입니다.

면민의 날, 군민의 날, 장애인의 날, 노인의 날, 지역 축제 서너 가지,

농부의 삶에선 일과 놀이가 어우러질 수밖에 없다.

마을 계 정기총회, 지역 문화원 행사, 사진이나 문학 동호회 행사 등 1년에 운동장이나 저수지를 무대로 열리는 행사들을 세어보면 열 손가락이 모자랄 것입니다. 시골 어르신들은 장날이면 으레 1만 원짜리 한 장 들고 장에 갑니다. 이 마을, 저 마을에 사는 친구들을 만나 순댓국에 소주 한 병을 시켜놓으면 하루가 금세 저뭅니다. 면민의 날이나 노인의 날은 면 단위로 열리는 행사인데, 절대 같은 날에 열리지 않습니다. 다른 날에 열리는 것은 아마도 이른바 유권자 관리(?) 차원이 아닐까 싶은데, 군수가 와서 축사를 해야 하기 때문입니다.

군청 누리집에서 행사 날짜를 확인하고 면마다 돌면서 논 적도 있습니다. 수건 한 장 얻는 건 기본이고 푸짐한 점심에, 재수 좋으면 사은품 추첨에 당첨되기도 합니다. 지역 축제가 실내에서 열리는 경우는 드뭅니다. 주로 들판이나 산기슭에서 열립니다. 물론 천편일률적이고 무대 중심의 연예인 공연도 많습니다. 판에 박은 품바타령이나 한물간

때때로 좋은 벗들과 장구 치고 북 치며 신명 나게 논다.

가수들이 등장해도 상관없습니다. 관객인 주민들이 아무 데서나 덩실 덩실 흥을 내서 육자배기 소리를 합니다. 무대 옆에 또 다른 무대가 동시에 펼쳐지기도 합니다. 전형적인 마당놀이 문화입니다.

요즘은 면 단위의 마을 풍물패 활동도 활발합니다. 경연 대회도 열립니다. 곳곳에 큼직한 문화시설도 들어서 있습니다. 주민자치센터에서는 갖가지 교양 프로그램을 연중 진행하고, 재주 있는 귀농자들이 강사로 출연합니다. 삶 중심으로 형성되는 문화 단위들입니다. 생활과 밀착된 살아 있는 문화입니다. 봄에는 풍년 기원제, 가을에는 추수 감사제가 있습니다. 녹색당과 옛 민주노동당, 《녹색평론》 읽기 모임 등이 전통을 살리는 새로운 농촌 문화를 일구기도 합니다. 집집마다 음식을 싸 와서 함께 먹고 장구와 북, 쇠, 징이 기본으로 등장하고 누구나 소리 한 자락씩 하는 모습을 쉬이 볼 수 있습니다.

몇 해 전에 돌아가신 강대인 선생은 농장에 갈 때마다 쇠와 장구를 들고 갔습니다. 작물들의 신명을 돋우기 위해서였습니다. 놀이가 일과 자연스럽게 만난 경우입니다. 놀이 중 최고의 놀이는 '일하는 놀이'가 아닐까요? 최근에는 '교육 농장'이라 이름 붙인 농장이, 교육청과 연대해서 학생들의 야외 학습장으로 활용됩니다. 다양한 체험을 하며, 자연을 살아 있는 공부 거리로 삼습니다. 일과 놀이와 공부가 하나 되는 셈입니다. 생활을 지속케 하는 노동을 하면서 인류는 지혜를 발달시켰습니다. 현대 문명은 본래의 생활 노동에서 동떨어져 있습니다. 하지만 원래는 공부도 생활 속에서 진행되고 완성되었습니다. 그것을 복원할 사람이 늘어가면 좋겠습니다.

여름이면 특히, 도시로 나갔던 출향인들 중 고향 시골집으로 와서 부모도 뵙고 어릴 적에 뛰놀던 계곡과 들판에서 더위를 식히는 사람들이 있습니다. 놀이가 되레 몸도 망치고 삶도 왜곡시키는 도시의 저급한 문화가 옮겨오는 때이기도 하지만, 농촌에서 겨우 명맥이 이어지고 있는 살아 있는 생활문화와 교류할 수 있는 시간이기도 합니다. 농촌으로 삶의 거처를 옮겨 오는 사람들에 의해 이런 교류가 더욱 촉진되면 좋겠습니다.

2
자녀 교육

자연에서
스스로 자라도록

필리핀에 갔다가 귀국하는 비행기 안에서 있었던 일이 떠오릅니다. 무척 피곤한 상태로 비행기를 탔는데 비행기가 이륙하자마자 바로 잠이 들었습니다. 저가항공기를 탔다 보니 좌석이 비좁았지만 등을 붙이고 눈을 감자 바로 잠이 든 것인데 불행히도 저는 오래 자지 못하고 깨어났습니다. 바로 뒤에 앉은 승객이 두 발로 제 등받이를 얼마나 걷어차고 뻗대는지, 칭얼거림으로 봐서는 애 같은데 발힘은 장사라서 일어서서 확인해보니 송아지만 한 14살 소녀였습니다. 그 옆에 앉은 어머니로 보이는 여인은 애를 달래느라 먹을 것도 쥐여주고 달콤한 말로 뭔가 협상을 시도하지만 소녀는 막무가내로 집어던지고 발버둥을 쳤습니다. 영어 해외 연수를 다녀오는 건지 단순한 주말여행인지 알 수는 없으나 그 모습은 자연히 제가 목격했던 필리핀 현지 어린이들과 비교가 되었습니다.

야생의 어린 시절을 그리워하는 이유

마닐라 교외의 한 식당에서 음식을 나르는 9살짜리 소년은 부모가 운영하는 코딱지만 한 식당에서 새까만 손으로, 역시 새까만 눈을 반짝거리며 손님 사이를 다람쥐처럼 누비면서 음식 시중을 들고 있었습니다. 북부 도시 바기오의 시내에서는 열두세 살 남짓 되는 소년 소녀 들이 택시를 타려는 손님들에게 접근해 몇 명인지 확인하고는 차선을 마구잡이로 넘나들면서 택시를 잡아주고 팁을 요구했습니다. 조류 따라 떠내려와 쌓인 해변의 쓰레기 더미에서 재활용품을 주워 모으는 애들도 있었습니다.

이들을 볼 때마다, 학교에서 돌아오면 책 보따리는 집어던져놓고 다음 날 학교 갈 때까지 만져볼 틈도 없이 꼴을 베거나 소를 먹이고 나무하러 다니던 어릴 적 기억이 절로 떠올랐습니다. 개울을 건너고 산등성이를 타면서 집안 살림의 한 귀퉁이를 옹골지게 도맡아서 살던 활기 넘치던 초등생 시절. 중학생이 되면서는 소로 쟁기질도 하던 그때. 집에서 모내기라도 하는 날이면 햇감자를 삶아 지게에 지고 새참 내가는 것을 자기 일로 당연시했습니다.

지금은 재벌 2세가 아니더라도 부모 승용차로 등하교하는 아이들. 갑부 자식이 아니라도 늘 밥상에 고깃국이 오르고 군것질 거리가 떨어지지 않습니다. 명절 아니고도 언제든지 새 운동화나 새 옷을 사 입고 새 양말을 신습니다. 요즘 우리가 누리는 물질적 풍요는 조선 시대로 비교하자면 왕세자도 이만하지는 못할 겁니다. 대신 자연과 멀어져버렸습니다. 야생성이 사라졌습니다. 자급 능력을 잃었습니다.

흙을 만지며 자연을 가까이하는 삶이 중요한 이유는 교감하는 능력을 키우게 된다는 데 있습니다. 흐릿한 호롱불 켜놓고 아랫목에 엎드려 책을 읽다가, 이불을 잘못 펄럭이면 호롱불이 춤을 추다가 꺼져버립니다. 그 순간 온 천지를 감싸고 있는 짙은 어둠의 세계와 만납니다. 완전한 밤의 장엄함을 보게 됩니다. 대자연의 숨결을 듣습니다. 가느다란 호롱불을 끌어당기다가 머리카락을 그슬려먹을 때도 있습니다. 빛의 소중함과 어둠의 위대함을 동시에 체험하는 순간입니다.

궁색했지만 거침이 없었습니다. 부모가 해주지 못하는 것들을 자연이 거의 다 해결해주었습니다. 먹을거리는 철 따라 온갖 것이 주변에 널려 있었습니다. 놀 거리도 흙과 돌과 나무와 병뚜껑이면 되었습니다. 나무 한 토막과 납작한 돌멩이 몇 개를 가지면 여럿이서 몇 시간이고 잘 놀았습니다. 미래에 대한 상상력은 지금보다 훨씬 풍부했고 그것이 비현실적이라서 더 신비하기까지 했습니다.

부모가 모범이 되고 자연 속에 방목하기

아이들을 자연 속에서 자라게 하는 것은 부모로서 자식에게 줄 수 있는 가장 큰 선물입니다. 옛날에는 다른 선택이 없어서 그랬지만 지금은 다른 선택을 포기하고 아이를 자연으로 안내해야 하니 힘들 수도 있습니다. 집안일을 거들게 하고, 자기 밥값 하는 것을 학교 숙제보다 먼저 하게 하는 것은 정말 쉽지 않습니다.

부모 자식 사이에 관한 괴담 수준의 고언들이 많습니다. "자식은 전생의 빚쟁이"라느니, "전생의 부모가 이번 생에 자식으로 태어났다"느니 하는 말 등은 그만큼 자식 문제로 부모가 속을 끓인다는 뜻일 겁니다. 부모 속 끓이는 경우의 대부분은 사실 부모가 자청한 것들입니다. "말은 제주도로 보내고 자식은 서울로 보내라"는 격언도 그래서 나오지 않았을까 싶습니다. 곁에 두고는 자식 고생하는 꼴 못 보고, 주머니에 돈이 있으면 자식 위해 쓰지 않고 못 배기는 게 부모 심정이니 일찌감치 멀리 떼어놓으라는 뜻 아닐까 싶습니다.

자식을 방목하라는 사람이 있습니다. 그 사람 말에 따르면 방치와 방목은 다릅니다. 풀이 있고 마실 물이 있는 웅덩이나 냇가를 찾아 소 떼를 안내하는 것이 방목입니다. 억지로 물을 먹이지 않습니다. 목마르면 마실 수 있게 해줄 뿐입니다. 스스로 알아서 하도록 기다려주고 믿어주는 것이 자식 키우기의 전부가 아닐까 합니다.

자식에게 쏟는 관심과 돈 때문에 부모 자신의 삶이 거기에 종속되는 경우가 많습니다. 좋은 모범이랄 수 없습니다. 자식이 책을 가까이하고 예술을 알며 사색을 즐기게 하고 싶으면 부모가 그렇게 살면 됩니다. 자기 좋아하는 것을 하고 살기를 바라고 주변 사람들에게 베풀기를 바란다면 부모가 그렇게 살면 되지 않을까요? 여기서 중요한 것은 아이가 하고 싶은 것을 하게 하되 스스로 그 조건을 마련하게 하는 것입니다.

욕망과 능력의 균형을 배우는 것만큼 큰 공부가 없습니다. 아이들은 흉내 내면서 배웁니다. 잔소리 듣고 자기를 교화하지는 않는다는 게 만고의 진리입니다. 사실 많이 베풀면 많이 간섭하게 됩니다. 부모의 베품이 자식 삶의 간섭 수준이 되면 서로 불행합니다. 18살만 되면 스스로 먹고살 수 있도록 나라의 모든 교육과 학제가 재편성되어야 옳다고 봅니다.

대학 가기보다 자생 능력 키우기

농담 삼아 하는 이야기가 있습니다. 제가 귀농해서 산 세월 동안 가장 잘했다고 여기는 두 가지가 있는데, 하나는 늙은 어머니를 시골로 모셔와 산 것이고, 다른 하나는 아이들을 둘 다 대학에 안 보낸 것입니다. 물론 쉬운 자리에서 가볍게 하는 말입니다. 대학은 안 보냈다기보다 자기들이 안 간 것입니다. 맹세코 대학 가지 말라고 강요한 적이 없습니다. 당연한 얘기지만 대학을 꼭 가야 한다고 압박을 하지도 않았습니다. 아이들이 대학 안 간 덕분에 정말 널널하게 삽니다. 1년에 1천만 원씩 두 녀석 등록금 마련하려면 등골이 휘었을 겁니다.

아이들이 평생 대학을 안 가겠다고 결의한 것은 아닙니다. 그냥 컨베이어 벨트에 실려 나가는 공산품처럼 중학교 나오면 고등학교 가고, 고등학교 나오면 아무 개념도 없이 대학에 가는 대열에서 빠져나왔을 뿐입니다. 정말 대학 공부가 필요할 때는 그때 들어가면 될 것입니다. 지금은 하고 싶은 걸 하면서 그 속에서 사람 관계와 물상의 이치를 익히고 스스로 살아가는 능력을 하나씩 쌓아가는 중입니다.

옛날에는 삶의 현장이 커다란 학교였습니다. 수학 공식이나 꼬부랑 외국말이 아니라 인간으로서의 도리를 가장 먼저 배웠습니다. 먹고 자고 입는 것을 해결하는 것이 가장 큰 공부였습니다. 먹을거리를 제 손으로 장만하고 철 따라 거기에 맞는 잠자리를 마련하는 것, 중요한 공부였습니다. 그래서 열서너 살만 되면 스스로 밥벌이를 했습니다. 5년제 소학교만 나와도 지식인이었습니다.

그런데 요즘 이게 뭔가요. 대학을 나와도 밥할 줄도 모르고 김치 담글 줄도 모릅니다. 모든 것이 교육자본의 음모라는 게 제 생각입니다. 교육자본은 인간의 기초교육 기간을 획기적으로 늘이는 데 성공했습니다. 대학 나와서도 취직도 안 되고 어중간하니까 대학원으로 진학하는 사람이 늘었습니다. 밥벌이 못하는 박사가 지천입니다. 교육자본은 정권과 결탁해 자격증과 졸업장을 무수히 만들어내서 그것에 매달리는 풍토도 만들었습니다. 불황일수록 이 자격증, 저 학위를 따놔야 할 것처럼 부추겼고, 사이버대학을 만들어 정원도 없이 수많은 학생을 모집해 쓸데도 없는 공부를 하게 합니다.

마천루를 쌓고 밤을 낮처럼 밝혀 흥청망청하는 지금의 문명은 6천 500년 전 공룡처럼 한순간에 쓰러질 수 있습니다. 퓰리처상을 받은 작가 재러드 다이아몬드는 말합니다. 지구상에서 위대했던 과거 문명의 붕괴 원인은 자연의 경고를 외면한 데 있다고. 현대 문명에 대한 자연의 경고는 막바지에 이르고 있습니다.

지금의 문명 이후에는 어떤 삶이 등장할까요? 여러 방면 전문가들의 일치된 견해는 지역 규모의 자급 농경 체제입니다. 그래서 생활에 필요한 재화는 스스로 생산하는 능력이 중요해집니다. 자생교육입니다. 굳이 현대 문명 이후를 거론하지 않더라도 자생 능력을 갖추는 교육은 인간을 인간답게 해줍니다. 다른 생명체를 살육하지 않고 이웃을 약탈하지 않는 삶이기 때문입니다.

대안학교 보내거나 홈스쿨링하거나

두 아이가 중·고등학교를 다 대안학교로 다닌 것이 대학에 목매지 않게 된 과정이지 않을까 싶습니다. 아이들이 다닌 학교 네 곳 모두 구석진 시골에 있습니다. 시골에서 자라고 시골에 있는 학교로 가서 학력 인정도 안 되는데도 개의치 않고 자유롭게 놀고, 공부하고, 일했습니다. 어느 학교건 농사는 기본이었습니다. 자연과 가장 밀접하게 교감하는 것이 농사입니다. 대안학교는 그래서 농사를 정규 과목으로 정합니다. 영어와 수학은 없어도 국어와 철학과 농사는 있습니다. 학생 수는 적지만 만나는 세상은 넓고도 큽니다. 그 속에서 스스로 결정하고 결정에 대해 책임지는 힘을 기릅니다.

귀농해서 농사짓는 사람들은 유기농작물이 비싸서 서민들이 사 먹기에 부담스럽다는 일부의 시선에 대해 적극적으로 방어합니다. 유기농업은 공공의 성격이 강하다고. 자연을 약탈하지 않고 공익을 해치지 않는다고. 그런데 그러는 귀농인마저도 대안학교에 대해서는 망설이는 경우가 있는 걸 봤습니다. 비싸다고. 귀족학교 아니냐고.

14살 된 큰아이를 지리산 자락의 어느 절에서 막 개교한 대안중학교로 떠나보낼 때는 시·군 단위 모든 중학교에 의무교육이 실시되는 해였습니다. 등록금은 물론 책이랑 학용품까지 공짜지만, 우리 아이가 가는 학교는 입학 기여금이 자그마치 100만 원이었고 매달 내는 학비와 생활비가 60만 원이었습니다. 나라에서 한 푼도 지원되지 않으니 학생들이 이렇게 내도 교사 월급은 60~70만 원 수준이었습니다. 학부모는 한 달에 두어 번 학교에 가서 주말 당번도 서야 했고 각종 회의에 참석해서 학교 운영도 맡아야 했습니다. 금전적 부담도 부담이려니와 시간과 공

비정형의 배움터인 보따리학교 아이들. 자유분방함 속에서 스스로 삶을 이끌어간다.

간 이동에 따른 부담의 과도함이 결코 만만치 않았습니다.

입학식에 가서 아이를 떼어놓고 돌아오면서 지리산 정령치에서 다짐했던 게 있습니다. '세계의 공민' 하나를 후원하는 것이라는 다짐이었습니다. 제 피붙이가 아니라 세계의 공민 하나를 양성하는 데 참여하는 것이라고 생각했습니다. 이 아이는 우연히 제가 낳은 아이일 뿐이라고 말입니다. 좀 생뚱맞은 발상이지만 이것이 거액을 들여 대안교육을 받게 하는 제 선택에 대한 합리화였습니다.

뜻하지 않은 일이 생겼습니다. 아이의 교육과정이 부모의 자기 쇄신을 촉발했습니다. 그 학교의 모든 학부모가 이구동성으로 고백한 말들입니다. 부모 자식 간 관계가 아이는 공부하고 부모는 돈 대는 그런 일방적인 관계로 흐르지 않았고, 학교의 각종 모임과 수련 프로그램, 식구 총회와 학부모 회의가 부모들의 의식 성장에 크게 작용했습니다.

귀농해서 생태적으로 사는 사람들도 가만히 살펴보면 아이들이 농사일을 거의 안 합니다. 아이들을 자가용으로 학교까지 태워다줍니다. 아이들은 공부하느라고 집안일 도울 겨를이 없습니다. 도시 아이들과 꼭같이 학교와 컴퓨터와 휴대전화 사이에 끼여 삽니다. 시골에 살지만 농사의 농 자도 모르고 사는 게 시골 아이들의 현실입니다.

반면에 대안학교마저 안 가고 그냥 집에서 부모 일 거들고 살면서 그런 아이들끼리 다양한 관계를 맺어 공부하는 경우도 많습니다. 이른바 홈스쿨러들입니다. 외국 홈스쿨러들과 내왕도 빈번합니다. 옛날보다 열린 교육의 장도 많아졌고 정보를 나눌 통로도 넓어져서 홈스쿨링을 하기 좋은 조건입니다. 부모의 삶을 익히고 지혜를 이어받는 이들의 모습이 보기 좋습니다. 한번은 이런 교육을 하는 부모들과, 귀농을 준비하며 자녀 교육을 고민하는 분들이 전국귀농운동본부 주관으로 이틀간 대전 대철회관에 모여 '귀농 자식농사 한마당'을 열기도 했습니다.

시골 가서 농사짓고 살면 도시보다 모든 것이 수월해집니다. 자연 속에 풀어놓으면 자연이 알아서 보호해주고 키워준다는 게 제 경험이고 신념입니다. 아주 오래전 우리 집에서 보따리학교를 할 때 멀리 울산에서 7살짜리 꼬마가 혼자서 기차와 버스와 택시를 갈아타고 전라북도 구석진 곳의 우리 시골집까지 찾아왔습니다. 보따리학교는 절대 부모가 데려다주지 않는 게 원칙입니다. 그 아이는 오는 동안 여러 어른들로부터 친절한 안내를 받았고 용돈까지 얻었습니다. 용돈 몇만 원이 어린 아이에게 큰 복일 것이나 그보다는 세상과 사람에 대한 큰 믿음과 사랑을 확인한 것은 그에 비할 바가 안 됩니다.

그 아이가 대만으로 출국한다는 연락을 받은 적이 있습니다. 15살 소녀가 되었을 때입니다. 아이는 워크나인(walk9)이라는 동아시아 생명·

평화를 위한 순례단이 되어 떠난다고 했습니다. 이 단체는 원래 일본의 평화헌법 9조를 지키기 위한 취지로 2007년 일본 전국을 순례하고 2009년에는 한국의 전 국토를 100일간 순례했는데, 그때는 대만으로 순례 길을 잡은 것이었습니다.

　자연 속에 아이를 풀어놓는 것을 무엇이 가로막고 있는가요? 그것을 살펴보면 별 우스꽝스럽지도 않은 것들이 발견될 것입니다.

3
부모 모시기

병약한 부모
돌봄과 모심

전남의 큰 도시에 사는, 그곳 '여성의 전화' 실무자분한테서 문자를 받았습니다. 전에 '저자와 함께하는 책 여행'에 제가 초대받아 갔을 때 만난 분입니다. 졸저 《똥꽃》을 통해서 제대로 존중하는 법과 함께 존엄에 대해, 모심에 대해 고민하고 이야기 나누는 시간을 갖고 싶다고 해서 인연이 되었습니다. 특히 '모심'은 동학 경전에 나오는 수운 최제우 선생의 가르침으로 심오한 뜻이 있는 말이긴 합니다. 제게 주어진 주제는 '삶의 길목에서 존중을 말하다'였는데, 일반적으로 약자에 대해 측은하게 여기고 배려와 돌봄의 시선으로 대하면 그것이 '존중'하는 것이라 여기는 세상의 상투적인 의식을 바꿔보고자 이런 주제를 달았다고 했습니다.

문자 내용은 의외였습니다. 치매를 앓는 친정어머니를 얼마 전부터 모시고 사는데 어려움이 많다는 것입니다. 신경과에 가서 인지 개선 기능 처방을 받아 약을 지어드리는데 별 효과가 없고 갈수록 증상이 심해진다며, 약을 계속 드시게 해야 하는지 묻는 문자였습니다. 그리고 1년에 한 번은 종합 치매 검사를 해야 한다고 해서 신경과에 예약을 해뒀는데 그것 역시 반신반의하게 된다면서 검사를 꼭 받아야 하는지도 물었습니다. 그러면서 매일매일이 자신과 싸우는 나날이라고 덧붙였습니다. 참으로 쉽지 않은 문제입니다. 놀람과 불안과 짜증이 뒤섞여 나타나는 일이기도 합니다.

이런 상담은 우리 어머니가 돌아가시고 나서도 끊임없이 들어옵니다. 그전에는 충북 어느 중소 도시의 보건소 소장인 분한테서 연락이 왔습니다. 간호사 출신인 그분도 충북 광역치매센터에 강의 나갔던 인연으로 제게 연락을 주게 된 것인데, 이분은 서울 사는 언니랑 오빠랑 어머니 모시는 문제로 갈등이 큰 경우였습니다.

'여성의 전화' 실무자와 저는 문자를 주고받다가 전화로 길게 얘기했습니다. 너무 오래 통화하니까 그사이 오는 전화도 있고 개가 짖기도 하여 끊었다가 다시 통화를 했습니다. 이야기를 서로 충분히 주고받다 보니 그분이 한숨 섞인 실토를 했습니다.

어머니를 모시고 사는 것은, 이에 대해 다른 형제들이 왜 남 일처럼 가만히 있나 섭섭하기도 하고 때론 자신감을 잃기도 하면서 스스로 변명 거리를 찾아온 과정이었다고 말했습니다. 여한 없이 최선을 다했는가 되돌아보게도 된다면서, 어머니를 모시다가 안 되면 병원에 모셔버려야 되겠다는 생각도 했다고 합니다. 그런 자포자기도 많이 했는데 정말 할 수 있는 만큼 다 하고 그랬는지 후회가 된다고 합니다. 당뇨도 있어서 드시는 약이 한 번 드시자면 배가 불러올 정도로 많은데 약을 다 끊고 싶어도 언니들이 있어서 마음대로 못 했다면서, 결국은 자신의 의지와 자신감 부족 때문이었음을 알게 되었다고 했습니다.

그분께 제가 한 얘기를 요약해 적자면 이렇습니다. 먼저, 모든 것을 자연스러운 현상으로 바라보라는 것입니다. 어머니 눈빛이 잠시 이상해지면서 너무 무섭더라고 했을 때는 이렇게 말했습니다. 사람이 나이 들면 늙고 죽듯이 찾아오는 신경질환이라고도 할 수 있는 어머니의 그런 현상을 '섬망'이라고 하는데, 치료를 오래 받은 환자의 복합적인 작용에 의해 나타나는 증상이라 무슨 특별한 것은 아니라고 했습니다.

모든 세상일은 자연스러운 현상

의사에 따라서 진단이 다르고 사람에 따라서도 전혀 달리 해석되는 증상이 있습니다. 저는 이 세상의 모든 현상은 다 자연스러운 현상으로 받아들여도 아무 무리가 없다는 생각을 합니다. 태어나고 자라고 장성한 뒤에 늙고 병들고 죽는 것은 자연스러운 일입니다. 젊어서 사고로 죽기도 하고 어린이가 성인병(요즘은 '생활습관병'이라 하는)에 걸리기도 합니다. 모든 것은 인과의 법칙에 따른 것으로 우리가 그 자세한 내막을 알 수 없기도 합니다.

다만 적극적으로 대응하되 그것이 자신에게 상처가 되지 않도록 하면 됩니다. 일어난 일을 가지고 곱씹으면서 내상을 심화시키는 것은 어리석은 일이고 틀린 일이기도 합니다.

전화 사기가 극성을 부리자 공익광고협의회에서 텔레비전 방송에다 "불신이 안심입니다"라는 카피의 광고를 공익이라는 이름으로 한 적이 있습니다. 불신하라는 것을 어떻게 공공연히 '공익' 기관에서 광고할 수 있는지 놀랐습니다. 이상한 전화, 모르는 전화는 무조건 불신하라는 말을 공공연히 하는 사회는 정상 사회라고 할 수 없습니다.

사람은 예상을 벗어나는 현실을 직면하면 불길한 쪽으로 상상하는 습속이 있습니다. 그렇게 훈련되었다고 할 수 있습니다. 그러나 진실이 그렇지는 않습니다.

불길한 쪽으로 상상하는 습관은 한정된 경험을 바탕으로 한쪽으로만 발달되어온 경험의 누적분이라 할 수 있는데, 갖가지 흉한 추측에서 비롯되는 불안과 초조는 현실에 대한 대응력을 떨어뜨리고 세상에 대한 불신을 키울 뿐입니다. 그 불길한 추측이 맞는다 해도 유리할 게 없으며 그 추측이 빗나갔다 해도 이미 자기 안에 심한 내상을 입힌 뒤입니다.

불신과 그로부터 비롯되는 공포와 혐오는 엄청난 후과를 초래합니다. 자기 몸속 장기들이 손상되는 것이 일차적인 문제입니다. 그런 부정 정서에 휩싸여 있는 동안에는 호르몬 분비 이상이나 장기들의 수축이 일어나 몸을 상하게 합니다. 그다음은 세상을 부정하게 됩니다.

바르게 농사짓는 사람은 그런 습관에서 벗어나는 훈련을 꾸준히 하는 삶을 살게 됩니다. 한여름에 우박이 쏟아진대도 자연스러운 일입니다. 자연 속에서 일어나는 일은 모든 것이 자연스럽습니다. 핵발전소가 터져도 그것 역시 자연스러운 일입니다. 완벽하게 통제할 수 없는 핵분열을 인위적으로 조작하면서 핵발전을 시도한 것 자체가 안전성이 99.9%

라 해도 0.1%의 사고는 자연스러운 현상입니다. 그런 현상 앞에 최선을 다해 대응할 뿐입니다. 억지를 부리지 않고 자연스러운 방법들을 총동원하여 열심히 대응하면 됩니다. 정성과 지혜를 총동원해서요.

치매 어머니가 날로 악화되는 것 역시 자연스러운 일입니다. 치매가 호전되는 것이 도리어 부자연스럽습니다. 나이는 더 들고 자식들끼리 다투고 딸은 짜증과 불안과 원망으로 가득 차 있는데 그 어머니의 병세가 악화되는 것은 지극히 자연스럽습니다.

두 번째 제 얘기는 모든 것을 어머니 기준으로 판단해보라는 것이었습니다. 섬망을 일으키는 당사자는 무서움도 불안도 공포도 없습니다. 옷에 똥을 묻히고 있을지언정 더럽다는 불쾌도 없습니다. 그것이 신체적으로나 위생적으로 위해할 수는 있습니다. 그러나 실제보다 과장되게 건강한 자식의 시선으로 사태를 진단해서 악화시키는 경우가 종종 있습니다. 부산을 떨고 난리를 피우고 한다는 것이지요.

병약한 부모의 눈높이에서

몸에 똥이 묻은 채로 좀 있어도 아무 문제가 없습니다. 약한 피부가 손상돼서 욕창이 되지는 않아야겠지요. 건강한 자식의 기준으로 닦달하는 꼴이 되지 않도록 늘 치매를 앓는 어머니의 기분과 상태 중심으로 판단해서 대처하는 것이 좋습니다. 어머니가 혹시 고통스럽다면 그 고통을 해소해드리는 것이 좋겠지요. 어머니가 위험하다면 그 위험 요소를 없애는 게 좋겠고요.

할 수 있는 만큼 하고 그 수준에서 평화로우라는 뜻입니다. 최선을 다해서 하고 그다음의 결과는 고요히 수용하면 됩니다. 그렇게 하면 육체적으로 아무리 힘든 일이라도 고통스럽지 않습니다. 일종의 놀이가 될 수 있습니다.

우리가 아이 키우면서는 아이와 눈높이 맞추는 원칙을 가지고 지키려 노력합니다. 부모 노릇 워크숍과 상담원도 많습니다. 모든 것을 아이 기준에서 아이 시선으로 대응하는 것은 깨인 부모의 기본 소양이 되다시피 합니다. 마찬가지라고 봅니다. 병약하신 부모와 눈높이를 맞추면 많은 문제가 풀리리라 봅니다.

개인적인 경험입니다만 어머니가 청국장을 해 먹자고 해서 콩을 몇 시간 불렸다가 같이 아궁이 불에 삶기 시작했습니다. 어머니는 여느 때처럼 옷에 실례를 했고 냄새가 났지만 "아궁이 불에 마른다"는 어머니 말씀대로 계속 불 때서 콩을 삶았습니다. 아궁이 불을 때다 보니 어머니의 옛날 옛적 아궁이에 얽힌 이야기들이 쏟아져 나왔는데, 박경리의 《토지》(1994)는 물론 최명희의 《혼불》(1996)의 한 장면 같았습니다.

여름 한복판 무더위 속에서 아궁이에 엎드려 수제비 끓이는 이야기였습니다. 감자랑 호박잎 썰어 넣은 무쇠솥에 보릿대를 불감으로 넣어 수제비를 끓이니 금세 불길이 밖으로 나와 고무신을 불잉걸처럼 달구지요. 업은 애는 겨드랑이 아래로 돌려 젖꼭지를 물려놨지만 바로 위엣놈이 치맛자락 잡고 칭얼대지요. 아궁이 연기에 눈물 콧물이 쌍갈래로 나오는데 따가워서 눈을 뜰 수가 없지요. 시아버지는 밥상 아직 다 안 됐느냐고 부르지요. 비록 옷에 실례는 했지만 이런 추억에 잠기는 어머니 기분은 최상이었던 것입니다.

마지막으로 저는 그분께 매 순간 어머니를 향해 축원을 하라고 했습니다. 기저귀를 갈 때 건강하시라고 축원하고, 밥상 차릴 때 꼭꼭 씹어

아궁이 앞에서 콩 삶는 걸 지켜보고 있는 어머니

서 맛있게 드시라고 축원하고, 밖에 나들이 갈 때 무사하기를 축원하라고 했습니다. 간절한 마음으로 축원을 하다 보면 행동거지가 정성스러워지고 그 정성이 상대에게 전해집니다.

축원 올리는 그 순간의 마음은 부처의 마음입니다. 예수의 마음입니다. 그 자신이 부처가 되고 예수가 되는 것입니다. 어떤 경우에도 간절한 축원을 놓치지 않고 기도하는 삶이 되는 것입니다.

이 모든 것은 농사짓고 시골에 살 때 훨씬 쉽게 가능합니다. 마당이 넓게 연결된 마루에 앉으면 뭐든 자연스레 풀려갑니다. 냉난방 잘된 도시의 신식 건물이 부럽지 않습니다. 부럽지 않은 게 아니라 돈을 얹어준대도 안 바꿉니다. 농장에 가서 흙을 묻히며 호미 들고 고구마라도 캐면 세상일이 자연스럽게 흘러갑니다. 일이 놀이가 되기도 합니다. 옷에 실례를 하면 옷 입은 채로 물을 끼얹어 빨래하기 놀이를 하는 셈 치면 재미있습니다. 늙으신 부모는 농사일에 능통한 개인 과외 교사가 되어주기도 합니다.

부모 모시기는 시골이 유리

농사를 짓는 후배들에게 부모 모시기를 권하면서 제가 귓속말로 하는 얘기가 있습니다. 부모를 모실 때 유리한 점에 대해서입니다. 명절 때 형제들이 다 찾아온다는 것입니다. 가만히 앉아서 형제를 맞고 명절을 난다는 것입니다. 대단한 특혜(?)가 아닐 수 없습니다. 형제 간 서열과 관계없이 부모 모시는 자식 집으로 형제들이 오니 귀향 전쟁을 치르지 않아도 됩니다. 길거리에 시간과 돈을 버리지 않게 되는 것입니다. 부모를 모시고 있다는 점 때문에 형제들이 빈손으로 오지 않고 봉투 하나씩 들고 옵니다.

부모 모시기는 도시보다 농촌이 훨씬 수월합니다. 아무 데나 막 돌아다니는 배회가 있더라도 시골에서는 주변에 위험 요소가 덜합니다. 더구나 배회는 가두어두는 데서 비롯되는 것이라 시골집 열린 공간에서 살다 보면 배회라는 게 생기지도 않습니다. 어디건 자유롭게 오고 가는데 배회증이 생길 수가 없습니다.

가정에서 치매 앓는 부모를 혼자 감당하기가 어렵자 노인요양원을 이용하기도 하는데 지금의 노인요양원이라는 게 원만하지는 않습니다. 언젠가 노인요양원의 책임자가 "약을 좀 세게 먹여!"라고 말하는 것을 들었습니다. 요양원에 모신 어느 노인이 온종일 문을 뒤흔들고 고함도 지르고 하니까 요양보호사 선생님들도 딸리는 일손으로 어찌할 바를 모르다가 보호자인 가족한테 전화를 했습니다. 그랬더니 노인의 아들이 "어쨌든 집으로는 못 모시니 알아서 책임지고 잘해주세요"라고 답변한 뒤였습니다.

노인이 처음부터 그랬던 것은 아닙니다. 건망증이 좀 있는 정도였고 엉뚱한 소리를 해서 식구들을 웃기거나 당신이 웃음거리가 되는 정도였다고 합니다. 상태가 급격히 악화한 것은 그 얼마 전 추석 때였다는군요.

추석 때 가족이 노인을 데리러 오자 그 노인은 옷 보따리를 바리바리 다 싸가지고 가셨는데, 추석 바로 다음 날 가족이 노인을 모시고 다시 요양원으로 왔다고 합니다. 당시 노인은 미친 듯이 울부짖고 저항을 했다고 합니다.

자식들이 이분을 추석 다음 날 요양원으로 데리고 온 것은 집에서 가스레인지를 잘못 만져서 하마터면 큰 불이 날 뻔해서라고 합니다. 감옥 같던 요양원에서 해방(?)되어 집으로 가나 했는데 하루 만에 다시 요양원으로 오게 되자 이 노인은 반은 미친 듯이 행동한 것입니다. 여기에 자기를 내다버리고 갔다고 하면서.

전화에서 아들이 말한 대로 '알아서 책임지고 잘'할 수 있는 게 요양원에서는 치매 약 처방뿐입니다. 엑셀론이나 라자다인, 네멘다라는 치매 약은 활동성을 약화하는 안정제일 뿐입니다. 약 좀 세게 먹인다고 해결될 문제가 아니지요.

제가 언젠가 봄날에 서울의 어느 구청 치매지원센터로 강의를 갔는데 대상이 치매자 가족들이었습니다. 치매 부모를 집에서 직접 모시고 사는 분들만을 대상으로 하는 모임이라 특별히 제 나름대로 강의 준비를 열심히 했습니다. 구청 치매지원센터에서는 한 달에 한 번씩 이 가족들을 대상으로 영화도 보여주고 개별 상담도 진행하는데 그달에는 《똥꽃》 지은이 초청 강의를 마련한 것이라 책도 미리 읽고 오신다고 했습니다.

시골에는 어머니가 무언가에 집중할 거리가 많다.

구청 지하에 있는 강의실에 가서 놀란 점이 있었습니다. 한 여성은 중학생쯤 되는 어린 자녀를 데리고 왔고 한 여성은 휠체어에 어머니를 모시고 왔습니다. 치매 부모를 나들이의 동반자로 생각하는 것은 참 어려운 일입니다. 더구나 자식을 치매 교육 자리에 데리고 온다는 것도 놀라운 일입니다.

아쉬운 것은 해당 기관이었습니다. 치매 가족을 위한 프로그램인데도 치매 어르신 임시 돌봄 대책이 없었습니다. 치매 부모를 모시고 오는 참가자를 생각하지 않은 것이지요.

치매 어머니를 모시고 온 그 참가자는 강의 들으랴 어머니 돌보랴 여간 분주하지가 않았습니다. 치매 부모를 모시는 분이 마음 편하게 행사에 참여할 수 있도록 국가기관이 먼저 나서서 주요 행사 때는 요양보호사와 사회복지사, 간호사 선생님을 배치해서 모시고 온 부모를 잠시 돌봐주는 관행이 자리 잡았으면 합니다.

제가 해마다 두 번이나 정기총회 때 특강을 갔던 어느 광역 지자체의 '여성재단'이 있습니다. 한번은 변산의 대명콘도에서 총회가 열렸습니다. 그 전해에 이어 두 번째 강의를 가는 단체라 실무자와 편해졌습니다. 실무자가 먼저 물었습니다. 올해도 어머니를 모시고 오느냐고요.

저는 어디를 가건 웬만하면 어머니를 모시고 다니는 것을 그분이 알기 때문입니다. 이번에도 어머니와 같이 간다고 했더니 값비싼 콘도 큰방을 하나 따로 잡아주었습니다. 바닷가가 한눈에 내려다보이는 전망 좋은 방이었고 그 덕에 기억이 깜깜한 우리 어머니가 창가로 보이는 큰 배를 보고서인지 우연인지 모르겠으나 옛날 옛적 왜정 시절에 관부연락선 타고 일본 가셨던 이야기를 하는 것이었습니다. 그만큼 기분이 좋았다는 얘기가 됩니다. 관부연락선이란 1900년대 초부터 부산과 일본 시모노세키를 오갔던 여객선입니다.

기분이 아주 좋아진 어머니를 두고 마음 놓고 강의장에 내려갔습니다. 그 지역의 여성단체 간부 중심으로 200여 분이 참석했는데 여성 인권과 부모 모심이 주제였습니다. 강의가 끝나고 객실로 왔더니 어머니가 배변한 상태로 누워 있었습니다. 기저귀를 바로 갈아드리지 못했으니 어머니의 아랫도리뿐 아니라 기분까지 엉망이 되어 있었습니다. 기분을 안정시키는 데는 시간이 꽤 걸렸습니다.

뒤풀이 시간에 그 여성재단 간부들한테 얘기했습니다. 일반 단체들이 애를 봐주는 보육교사 배치하듯 여성재단 행사에는 요양 전문 인력을 배치하면 어떻겠느냐고. 아주 반색을 하더군요. 좋은 아이디어라면서 해보겠다고 했습니다. 이런 배려를 어디에서건 시작하고 자리를 잡아가면 좋겠습니다.

콘도 방 안에서 바다를 내려다보고 있는 어머니

육아휴직처럼 효도휴직·효도휴가를

치매관리센터 강연에서 놀란 것이 또 있습니다. 청중 가운데 남성은 단 1명도 없고 죄다 여성이라는 점입니다. 낮 모임에 여성만 온다는 것이 새삼스럽지 않을 수도 있으나 저는 거듭 놀랍니다. 곰곰이 생각해보면 놀랄 일이 분명합니다.

2011년에 치매관리법이 제정되고 나서 2014년부터 전국의 시도 자치단체별로 광역치매센터가 생겼습니다. 경기도, 충청북도, 전라북도 광역치매센터에 강의를 나갔었습니다. 역시 남성 청중은 없었습니다.

남성들의 효심이 적다거나 집안일에 대한 남성들의 책임 의식이 낮다고만 할 수는 없을 것입니다. 이런 현상은 사회적 소산이라고 봐야 하기 때문입니다. 출산휴가와 육아휴직이 근로기준법으로 보장돼 있고 육아휴직은 엄마뿐 아니라 아빠도 신청할 수 있게 되어 있습니다. 그런데 왜 '효도휴직' 또는 '효도휴가'는 없을까요. 효도휴직이나 효도휴가의 요건을 정하고 해당하는 직장인에게 휴가를 준다면 제가 갔던 행사장에 남성도 꽤 오리라는 생각이 듭니다. 그뿐만 아니라 늙으신 부모들의 바깥나들이도 늘어나겠지요.

최근에 두 가지 반가운 사례를 접했습니다. 농사를 짓는 이분은 시설이 좋은 노인종합복지관 근처로 집을 옮기고 수원에 사는 어머니를 모셔 온 분입니다. 노인종합복지관 근처로 옮겼다고는 하지만 행정구역만 같아졌을 뿐 여전히 시골입니다. 승용차로 오가기 가까운 정도입니다. 다시는 헤어지지 않고 어머니의 여생을 같이 보내려고 아내와도 잘 의논된 모양입니다. 이분은 제가 운영하는 카페 '부모를 모시는 사람들'의 열렬한 회원으로, 카페 활동을 하면서 부모에 대한 생각을 크게 성숙시켜나간 분입니다.

또 한 분은 여성분인데 모든 일상을 어머니 중심으로 바꾼 분입니다. 일어나는 시간, 밥 먹는 시간, 외출하는 시간, 지인들과 만나는 날까지도 철저히 어머니 중심으로 만들어 사는 분을 알게 되었습니다. 식구와 주변에서 이제는 그러려니 해주어서 생활에 불편이 전혀 없다고 합니다. 인천에 사는데 어머니가 가자 하면 절에도 가고 외출도 하고 영화도 보고 그럽니다.

저는 새로운 시도를 해보고 있습니다. 얼마 전에 아주 특별한 곳에 갔는데, 그곳 정식 명칭이 '서울시 어르신 돌봄 종사자 종합지원센터'입니다. 치매 어르신을 잘 모시려면 이른바 '돌봄 노동자'를 잘 지원해야 한다는 것을 알고 서울시가 전국 어디에도 없는 돌봄 노동자를 위한 센터를 만들었나 봅니다. 이곳은 광역치매센터와는 다른 곳입니다.

돌봄 노동자는 이른바 감정 노동자로도 불립니다. 육체와 정신의 노동뿐 아니라 감정까지도 노동에 포함해야 하는 직종입니다. 늘 생글생글 웃고 상냥한 말투와 단정한 행동거지를 보여야 해서 고충이 아주 큽니다. 그들을 지원하고 지지하는 센터가 있다는 것은 반가운 일입니다. 그러니 제가 갔던 곳이 특별한 곳이라는 것을 이해할 수 있을 겁니다.

그런데 더 특별한 것은 저에게 요청한 강의 주제가 '돌봄과 돌봄 노동자 협동조합'이라는 것입니다. 그 기관에서 어르신 돌봄 노동자인 요양보호사, 사회복지사, 간호(조무)사 등이 힘을 합쳐 협동조합을 만들려고 하는 것이었습니다. 오랫동안 조합 활동을 했던 저로서는 협동조합이야말로 노인문제의 답이 될 수 있다고 생각해왔습니다.

너무도 관료화되고 도식화된 직영 노인요양시설이나 위탁 노인시설, 너무나 영리화된 민간 노인요양시설은 멀쩡한 노인도 흐물흐물 절인 파김치로 만들든가 미치광이로 바꾸어놓는다고 하지 않을 수 없습니다. 노인요양원 다음 단계는 노인병원이고 그다음은 장례식장이 되다시피 하고 있습니다. 병원들이 그 지하에 버젓이 장례식장을 운영하는 건 곰곰이 생각하면 참 낯 두꺼운 짓입니다. 그 안에서 공공연히 갖가지 거래와, 폭리를 취하는 행위가 일어나는 현실이며, 감독 기관은 수사관처럼 비리를 뒤지기도 합니다. 시설 운영자나 종사자 역시 고된 직무에 시달립니다.

제가 《녹색평론》 2015년 1-2월호에 장문의 글을 실었습니다. '노인요양 협동조합'에 관한 글입니다. 이 글이 매개가 되어 이곳에 강의를 가게 되었던 것입니다.

이런 문제의식에 대해서는 '한국 의료복지 사회적 협동조합 연합회'가 일찍 뜻을 두고 사업을 추진했습니다. 의료복지 사회적 협동조합은

이전에 '의료생협'이라고 불리던 단체입니다. 얼마 전에 '안산 의료복지 사회적 협동조합'에 갔습니다. 그곳에는 '꿈꾸는 집 요양원'이라는 이름의 노인요양시설을 협동조합으로 운영하고 있었습니다.

조합 이사장과 요양원 원장님과 오래 얘기를 나눴습니다. 이 자리에 연합회 이사장님도 같이 갔는데 노인문제에 대한 고심과 노력이 남달랐습니다. 이 요양원에는 조합원(부모님)이 입소합니다. 노인이 상품이 되어 시장에서 거래되는 현실 속에서 이곳은 새로운 꿈을 꾸고 있는 것으로 보였습니다. '노인이 상품처럼 시장에서 거래된다'는 말이 좀 험악하게 들릴지 모릅니다. 그러나 그런 측면을 무시할 수 없는 게 우리 현실이기도 합니다.

저는 전북 광역치매센터 협의회 위원으로 위촉되어 활동하고 있습니다. 포럼 때 노인요양 협동조합에 대해서 정식으로 제안했던 적이 있습니다. 한울연대에서 경주에 '방정환 한울 어린이집'을 설립했는데, 그 1주년을 맞이했던 2015년에 우리나라의 보육정책을 살펴보면서 노인정책에 대한 아이디어를 얻을 수 있었습니다. 반복되는 얘기입니다만 협동조합입니다. 치매 부모를 가정에서 감당하기에는 무리입니다. 온 삶을 바쳐야 하기 때문입니다.

몇 해 전에 부산대 임재택 선생의 한국생태유아교육학회가 주관하는 월례 강좌에 갔다가 직접 의논을 한 적도 있습니다. 생태유아공동체처럼 노인요양공동체를 꾸리는 일에 관해서 얘기하면서 '생태노인모심학'이 성립되어야 할 필요성을 말했습니다.

영유아보호법 10조에는 어린이집의 종류가 7개 항에 걸쳐 나열되어 있습니다. 국·공립 어린이집에서부터 가정, 직장, 민간 어린이집이 있

노년의 존엄을 지켜드리고 '모심'의 정신을 잃지 않는 게
늙은 부모를 모시는 첫 번째 태도 아닐까.

고 6항이 바로 '협동 어린이집'입니다. 협동 어린이집은 여러 형태가 있으나 공통점은 부모들이 조합원이 되어 협동조합을 꾸렸다는 것입니다. 공동육아 운동에서 시작해 발전해간 것입니다. 이는 아이를 영리 목적의 사설 어린이집에 보내지 않고 부모와의 접촉과 정서적 교감을 유지하는 방법을 찾은 결과입니다. 지역사회의 뜻있는 제3자가 조합원으로 참여하기도 합니다. 육아는 사회의 몫도 크니까 당연합니다. 보육시설의 낮은 보육 질과 단순 반복적이고 획일적인 교육의 문제점을 극복하려는 시도입니다.

이를 노인요양시설에도 대입해볼 수 있습니다. 노인요양(의료)시설이나 요양보호사 규정은 노인장기요양보험법과 노인복지법에 근거합니다. 이 법에 적시된 시설의 종류는 몇 가지로 제한되어 있는데 협동 어린이집에 빗대어 '(자식) 협동 모심의 집'이라는 조항을 넣을 수 있다고 봅니다. '(자식) 협동 모심의 집'은 공동육아와 같은 개념으로, 공동양로 또는 공동부모모심입니다. 자식들이 조합원이 되어 더는 부모님을 노인 시장에 내어놓지 않겠다는 다짐 속에서 노인의 지혜와 경륜을 눈여겨 배우는 과정이 모시는 과정과 동시에 일어나는 장소가 됩니다.

쉽지는 않겠지만 꼭 어렵지도 않습니다. 우선, 법제화에 앞서서 뜻을 같이하는 사람들이 만나고 생각을 가다듬을 필요가 있겠습니다. 그러고는 시도해보는 것입니다. 부모를 시설로 유배하는 것이 아니라 함께 협동해서 부모와 같이 사는 것입니다.

역시, 농촌 지역을 배경으로 농사를 기본 일과로 삼으면 좋을 것입니다. 노인문제를 포함한 거의 대부분의 치명적인 사회문제는 균형 잡힌 삶을 잃었기 때문이며 물질, 정신, 영성이 두루 균형 잡힌 삶으로 돌아가야 함을 웅변하는 것이라고 봅니다. 물질과 정신과 영성이 균형 잡힌 삶으로 가기 위한 준비 과정의 조건들이 응축되는 단계로서 온갖 문제점들이 극단화되어 나타나는 게 현 시대의 본질이라는 것입니다. 곪음이 찢어져 터져야 새살이 나오듯 새로운 개벽 시대는 어둠이 더욱 깊어지는 데서 그 희망을 엿보게 됩니다.

[참고도서] 똥꽃
전희식·김정임 지음 | 그물코 펴냄 | 2008년

초고령화 사회를 앞둔 우리에게 치매는 낯선 병이거나 남의 일만은 아니다. 헌신적 '관리'만이 치매 노인을 대하는 미덕도 아니다. 치매 노인과 그와의 삶에 대한 나름대로의 시각과 사고의 전환이 꼭 필요하다. '농부 전희식이 치매 어머니와 함께한 자연치유의 기록'이란 부제를 단 이 책은 서울 아파트에 사시던 치매 어머니를 시골로 모셔 와서 시골집을 고쳐 함께 살아온 이야기를 담고 있다. 어머니와 울고 웃으며 겪은 일들을 어렵지 않게, 진짜배기 이야기로 풀어내려 한 책이지만, 치매에 대한 편견과 공포를 되짚는 또 다른 접근, 치유와 생명의 존엄에 대한 남다른 인식, 여성성에 대한 재발견 등 같이 생각해볼 것을 많이 담았다. 이 책에서 하고자 하는 말의 핵심어는 '존엄'이다. 존엄을 바탕으로 한 모심과 자연치유를 통해 겪은 인식의 전환, 그러니까 똥이 꽃이 되는 순간이 나이 든 부모를 모시고 사는 많은 사람에게 찾아가길 바랄 뿐이다. 공동 지은이인 김정임이 바로 어머니다.

[참고도서] 엄마하고 나하고

전희식·김정임 지음 | 한국농어민신문 펴냄 | 2010년

'치매 어머니, 아들과 함께 다시 세상을 만나다'라는 부제를 단 이 책은 《똥꽃》 이후 어머니를 다시 세상 밖으로 끌어낸 방법을 구체적으로 제시한 것이다. "한 번 시작하면 혼자 힘으로는 조절이 안 되는 어머니의 몸과 마음의 방향을 틀게 할 방법이 필요했"기에 '앞장서서 방향 돌리기, 꿈길 따라잡기, 모성 되살리기' 등의 요법을 활용했고 그 이야기를 담았다. 이 밖에도 '아, 그래요?' 요법 등 새로운 방법이 많다.

다른 한편, 어머니와 떠났던 봄놀이 여행에서, 단기 보호 서비스를 받으려 요양시설을 돌아보면서 뼈저리게 경험한 우리 사회의 노인에 대한 무례와 무시, 요양사들과 만나면서 직면한 시골 고령화 문제의 본질 등에 관한 이야기도 담았다. 모자의 이야기를 사회적으로 확장한 것이랄까. 물론 이 또한 "어머니 인생 말년을 함께할 수 있도록 이렇게 막내아들을 초대해주셔서 어머니에게 너무도 감사하다"는 생각으로 이어지는 것이지만 말이다.

4
부모 떠나보내기

어머니의 길을 안내하고 나를 위안하는 시간

 돌아가셨다는 말 대신에 입적하셨다는 말을 쓰기도 하는데, 이 말이 죽음에 대한 가장 중립적인 표현으로 보입니다. 불교 용어이긴 하나 고요함에 드셨다는 이 말이야말로, 유족이 아무리 울고불고해도 눈길 한번 주지 않을뿐더러 험담을 하건 안타까워하건 한결같은 침묵으로 조문객을 맞는 망자의 모습을 잘 나타냅니다.
 만약 입적이라는 말이 이승의 삶을 마감한 사람은 다 고통도 병도 늙음도 없고 그 어떤 애달픔도 없는 고요한 다음 세계로 가게 된다는 뜻이라면 분명 유족을 위로하고자 만들어낸 말이 아닐까 싶습니다. 죽음에 대한 다른 표현인 귀천이라는 말 역시 유족 위로용으로 보입니다. 사시사철 따뜻한 꽃동산인 하늘나라로 되돌아간다는 귀천이라는 말은 죽음을 슬퍼하지 말라는 큰 위로입니다.

동학 천도교에서 쓰는 환원이라는 말도 같은 의미입니다. 동학 경전에서는 죽음을 '존재의 적극적 표현은 형체 있음이고 존재의 소극적 섭리는 형체 없음이므로, 죽음이라는 것은 존재가 본래의 자기 자리인 영의 상태로 간 것이니 이치에 따른 자연스러운 현상'이라고 설명합니다. 다시 그 존재가 적극적인 의지를 띠게 되면 형체 있음으로 드러난다고 하는 천도교의 '성령출세설'은 가족을 잃은 유족에게 강력한 위로의 메시지로 손색이 없습니다.

어머니의 임종, 조용한 기도

어머니 임종을 앞두고 며칠 전부터《티베트 사자의 서》를 펴놓고 해당하는 부분을 낭송해드리면서 임종 전후로 전혀 새로운 상황을 맞아 당황해하실 어머니의 영혼을 위로하고 도왔습니다. 꼭 닷새 동안 병원에서 신세를 지셨던 어머니는 모든 식구를 다 보고 눈을 감으셨습니다.

가래가 점점 많아지고 숨이 배에서 가슴으로 올라올 즈음 아들딸이 모두 다녀가고 손자·손녀는 물론이고 손녀사위까지 병문안을 하고 간 그날 오후에 눈을 감으셨습니다. 제 아들이 군대에서 말년휴가를 나왔다가 꼬박 사흘 밤을 저랑 병원에서 할머니 곁을 지켜주었으니 손자 전송까지 받으신 셈입니다.

어머니 임종 시에는 이미 많은 준비를 해둔 상태였는데 가장 중요한 준비는 애들 엄마가 일러준 '조용한 기도'였습니다. 숨을 거두신 어머니를 반듯이 누이고는 저는 아들과 같이 기도했습니다. 그리고 형제들에게 알렸습니다. 아들도 조용한 기도에 대해 이해하고 잘 따라주었습니다. 기도란 어머니에 대한 위로가 중심이었습니다. 《티베트 사자의 서》에 나오는 글귀를 읽어드렸습니다. 애들 엄마가 일러준 대로 병원 수속이나 장례 절차로 부산을 떨지 않고 기도부터 한 것은 참 잘한 일로 여겨집니다. 숨을 거둔 사람의 영혼은 그 순간부터 아주 낯선 경험을 시작하는데 무슨 일이 일어났는지와 무슨 일이 기다리고 있는지를 차분히 설명하는 것이 이때의 기도라고 생각하면 됩니다.

몇 해 전에 가입한 상조회인 한겨레두레협동조합에 연락했고 그곳 전문가가 와서 어머니를 장례식장으로 모셨습니다. 어머니 얼굴을 보신 그분은 이렇게 고요한 얼굴은 처음 본다며 놀라워했습니다.

장례식장 안치실에 속속 도착하는 형제들도 우선 어머니를 위한 기도에 동참했습니다. 장례 일정 동안 하루가 시작되는 가장 이른 시간에 어머니 영정 앞에서 기도부터 올렸습니다. 장례식장은 어머니 생전 모습을 주제별 사진으로 꾸미고 저녁 시간에 두 번에 걸쳐 추도식도 했습니다. 제 오랜 벗 김유철 시인은 추도사를 하면서, 정치인이나 유명인만 추도식을 하는 줄 알았는데 시골 할머니도 할 수 있음을 알게 되었다면서 추도식 자체를 반겼습니다.

마지막 과정에서 어긋났지만, 처음에는 식기와 컵, 수저까지 일회용품은 사용하지 않고 모든 음식 재료도 유기농으로 준비했습니다. 장례식장과 어렵게 합의가 되었고 웃돈을 더 드리기로 했습니다. 어머니에게 조문 오는 분들에게 나름대로 낯부끄럽지 않게 한다고 했던 것인데,

어머니 약력과 추도식 식순

  그 장례식장을 이용하지 못하게 되어 모든 게 수포로 돌아갔습니다.
  오랜 후배 김재형이 장례 전 기간을 함께해주었습니다. 동학 천도교에서는 밤 9시마다 9시 기도식을 올려주었습니다. 여동생 교회에서는 예배를 봐주었는데 이들 의식의 주관은 달라도 결국은 같은 뜻이기에 어머니가 혼란스러워하지는 않으리라 여겼습니다.
  추도식 순서에서 고인에 대한 약력 소개를 제 아들이 했는데 어머니 약력을 쓰다 보니 내용이 제법 되었습니다. 내로라하는 분들의 약력과 달리 무슨 무슨 직책은 전혀 없지만 언제 태어나고 소녀 시절 어릴 때는 어떤 아이였으며 어디로 시집을 갔고 애를 많이 낳았지만 몇은 잃었으며 나중에 시골을 떠나 도시 아들네 가서 산 게 언제였고 치매를 앓게 되고 나서 삶이 어떻게 바뀌었는지 등을 적었습니다.
  아버지가 돌아가셨을 때 어머니 나이 43세였습니다. 5살짜리 막내부터 2살 터울로 포도송이처럼 줄줄이 7남매를 낳아 혼자 키우신 이야기는 한 사람의 약력에서 매우 중요한 부분이 될 수 있음을 새삼 느꼈습니다.

화장장에서 어머니 유골을 보고 식구들이 다 놀랐습니다. 화장장 직원이 화장을 끝낸 어머니 유골을 유리창 너머로 보여주면서 94세 연세에 이렇게 굵은 뼈가 많이 나오는 건 처음 본다며 아주 건강하게 사셨다고 해서입니다. 골다공증이나 병을 앓은 분들은 굵은 뼈가 안 나오고 다 연소해버린다고 합니다.

어머니가 돌아가시기 3년여 전에 대퇴부 골절상을 입고 병원에서 접합 수술을 할 때도 그런 말을 들었습니다. 수술 전 종합검진을 한 의사가 저를 부르더니 어떻게 모시기에 이렇게 건강하시냐며 혈액과 호흡, 기타 순환기 상태가 아주 좋다고 했습니다.

떠나가셨으나 떠나보내지 못한

장례를 치르고 삼우제까지 지냈지만 뭉쳐진 어떤 덩어리가 가슴에 꽉 차 있어서 보이는 것들이나 들리는 것들, 손에 잡히는 것들이 다 울먹임을 자극했습니다. 뭔가 목울대까지 차올라서 숨이 턱 막혔습니다. 어머니 유품에는 손을 댈 수가 없었습니다.

위패와 영정을 방에 모시고 아침저녁으로 향을 사르고 공양을 해도 변화가 없어서 어느 분에게 자문했더니 밥 대신 차 공양을 하라고 해서 그렇게 했습니다. 밥보다 차가 훨씬 가벼운 음식이라고 해서 보이차를 구입해 새로 산 찻잔에 담아 매일 올렸습니다. 어머니 사후 날짜에 해당하는 바르도(중음中陰)의 세계를 낭송하며 어머니의 길을 안내하고 저를 위안하고자 했습니다. 따로 인쇄를 해서 영정 앞에 두었습니다. 천도교 경전도 놓아드렸고 경전 중의 성령출세설은 따로 인쇄해서 펼쳐놨습니다.

어머니가 좋아하시던 발도르프 인형들

어머니가 좋아하시던, 감촉이 좋은 발도르프 인형을 두기도 하고 한지로 만든 연두색 고무신도 놓아드렸습니다. 머리빗과 나무 수저를 두기도 하고 두유를 놓기도 했습니다. 이런 저에게 자꾸 그러면 돌아가신 어머니가 힘들어한다면서 나무라는 벗이 있었습니다. 그러나 별로 감흥이 없었고 그런 말 자체가 거울에 비친 그림자 같았습니다. 아픔도 없고 장애도 없고 치매도 없는, 오온을 여의고 시공도 초월한 세계가 있다고 의심치 않았으되 그건 평소의 소신에 불과했습니다.

부처님은 죽음을 가리켜 영혼의 감옥인 몸을 벗는 일이라고 하면서, 앓던 종기를 떼어내는 것과 같이 시원한 일이라고 했습니다. 그러나 위안이 되지 않기는 매한가지였습니다. 지어낸 위로의 말들로 들렸습니다. 어머니랑 살면서 저질렀던 어리석은 제 선택들이 줄줄이 떠올라서 부처님 말씀을 금방 압도했습니다.

다듬잇돌처럼 차디찬 안치실 어머니 얼굴에 문지르던 제 볼의 감촉. 화장장의 마지막 유골들. 그런 순간들이 정지 화면으로 엄습했습니다. 어머니를 무릎에 안고 어를 때 앙상한 어머니 엉덩이뼈가 제 허벅지를 찌르던 감각이 살아났습니다.

집을 나가려고 하면 아랫목이 따뜻한지 살피게 되고 외출해서도 기저귀 갈 시간이지 싶어 귀가를 서두르는 제 모습을 보는 게 고역이었습니다. 결국, 아들의 권유에 따라 휴전선 가까이 있는 높은 산속 눈 덮인 화악산 수도원에 들어가 기도를 했습니다. 이런 감정을 억누르지는 말되 절대 쫓아가지는 말라는 아들의 조언을 떠올리며 보름여를 지냈습니다. 돌이켜보니 묘한 인연이었습니다. 이 수도원은 천도교 수도원으로 제가 어머니를 모시기 직전 아는 분의 소개로 기도하러 갔던 곳이고 이곳에서 수련 중에 천도교에 입도했습니다.

어머니 49재 때는 계절 따라 어머니가 즐거이 지내시던 우리 농장에서 형제와 가까운 지인들을 모시고 하루 춤판을 벌였습니다. 2월 하순에 접어드는 날씨는 참 쌀쌀했습니다. 큰 드럼통에 장작불을 지피고 손을 녹여가며 했습니다. 주인공은 어머니지만 행사의 주체는 참석자 모두였습니다. 절에서 하는 49재는 너무 형식에 치우쳐 있고 과도한 음식과 알 수도 없는 각종 독경은 지루할뿐더러 참석자들은 아무것도 할 일이 없고 스님이 시키는 대로 움직일 뿐이라 그렇게 하지 않기로 했습니다. 몇 분에게 자문을 구해가며 제 나름대로 순서를 정했습니다.

큰 향로에 쑥을 담아 곳곳을 쑥 향으로 정화하는 의식으로 시작해 어머니를 모시는 춤인 초혼무, 모든 참석자가 어머니에게 차를 올리는 차 공양 순서를 두었습니다. 명상 춤의 대가 박일화 선생이 어머니에 대한 우리의 바람을 한지에 적어 태워 올리는 순서가 마지막이면서 모두 함께 춤을 추는 시간이었습니다. 향로의 연기와 소지를 사르는 연기가 영혼처럼 훨훨 하늘로 이어졌습니다. 춤을 출 때는 어머니 생전 음성이 흘러나왔습니다. 박일화 선생의 부군이 제가 준 음원으로 음반을 만들어 오셨습니다.

스스로 되묻는 삶을 살라는 어머니

이렇게 어머니가 떠나가셨는데 서너 달 지나서부터 제 꿈에 어머니가 집중적으로 나타나기 시작했습니다. 장례를 치른 뒤에 여동생의 꿈에 어머니가 나타나셨다는 말을 듣고 왜 내 꿈에는 안 오시나 섭섭했는데 어느 날부터 거의 매일 제 꿈에 나타나셨습니다.

꿈속의 이미지는 하나같이 즐겁고 유쾌한 모습이었습니다. 가족이 다 함께 간 봄나들이에서 온 얼굴에 웃음을 머금고 흐뭇해하시는 모습이라든가, 고향집에서 우리 형제들이 서로 도와가며 땀 흘리며 일을 하는데 새참 좀 들고 하라고 마루에서 부르시는 모습이라든가, 몸이 아주 건강한 채로 뚜벅뚜벅 걸으셔서 놀란 제가 이게 무슨 일이냐고 물으면 알 듯 말 듯한 미소만 짓고 못 들은 척한다든가 하는 것이었습니다.

어머니 꿈은 상황이나 환경도 다양했고, 어떤 때는 하룻밤에 두 번 꾸기도 했습니다. 몇 달 안 보이시더니 연말이 되면서 다시 꿈에 나타나기 시작했습니다. 저는 한가지로 해몽이 되었습니다. "내게 약속한 거 잊었냐? 네가 할 일이 뭐냐? 네가 지금 하는 일들 그거 꼭 해야 되냐?"라는 것입니다. 끊임없이 스스로 되묻는 삶을 살라는 것이 어머니 꿈의 공통된 풀이라고 저는 생각했습니다.

그러는 중에 전화를 받았습니다. 어머니 기일이 다 되어가는데 제삿날에 음식을 좀 해 가져가겠다고 둘째 형수한테서 전화가 왔을 때야 제가 게으름을 피우고 있었음을 알게 되었지만 이미 늦었습니다. 원래는 어머니 1주기 때 가칭 '자연치유 노인요양 협동조합' 포럼을 열 생각이었는데 생각만 여러 갈래로 흩어져 있고 뭐 하나 진행된 게 없습니다.

어머니랑 같이 살아온 경험을 바탕으로 전북 광역치매센터 지역협의회 위원으로 활동하면서 더 절실하게 느꼈지만, 노인요양 문제를 당사자 중심의 협동조합으로 풀어보는 것은 현재의 여러 누적된 문제들의 해법이 될 것으로 보였기 때문입니다. 하지만 그것은 다음으로 미루고 약식으로 1주기를 맞기로 했습니다.

형식적인 제사는 의미가 없다고 여겨서 몇 가지 저만의 기준을 정해 준비를 했습니다. 첫째는 가족만이 아니라 뜻을 같이하는 누구나가 노인과 치매와 죽음을 되돌아보는 자리로 하는 것이었고, 둘째는 오로지 이날만큼은 어머니가 주인공이 되어 모든 음식이나 의례나 화제의 중심에 있게 하는 것이었습니다. 셋째는 참석한 사람들이 자기 삶을 새로이 하는 자리가 되게 하는 것이었습니다. 이는 동학의 '향아설위'(나를 향하여 신위를 베푼다) 정신에 뿌리가 가 닿는 것입니다.

추모식 전날에 온 지인도 있어서 장보기는 기본이고 같이 뒷간 표시도 새로 해 달고 마당도 쓸었습니다. 우리 집은 수세식 화장실이 없고 전통 생태 뒷간을 만들어서 쓰고 있기 때문에 위치뿐 아니라 볼일을 보는 자세까지 그림으로 안내해두고 있습니다. 어머니랑 살면서 몇 번이나 수세식 화장실에 대한 유혹(?)이 있었지만 잘 이겨낸 결과입니다.

오기로 한 사람보다 몇 분이 더 와서 20여 분이 모였습니다. 친구를 데려온 사람들이 있어서입니다. 마루에는 조문 음악과 어머니 음성을 mp3 파일에 담아 틀어놓았습니다. 방 벽에는 어머니 사진을 군데군데 붙이고 U 자 형으로 자리를 둥글게 만들어서 한 곳에 어머니 영정을 모

어머니 1주기에 모인 사람들이 같이 어머니에 대한 영상을 보고 있다.

시고 향대와 촛대를 놓았습니다. '향벽설위'라 할 수 있는 유교식 제사 상차림과는 전혀 다른 구도입니다. 좀 이색적이라고 할까요.

고심 끝에 만든 것이 하나 있는데 '만물만인만상의 혼'이라는 위패였습니다. '김정임 어머니의 혼'이라 쓴 위패를 왼쪽에 모시고 오른쪽에 이것을 세운 것은 제가 쓴 초혼사에 나오듯이 어머니가 1년 동안 하늘나라에 가서 새로 사귄 귀신 친구들도 같이 손잡고 오시라는 의미가 있고, 그보다는 제사상을 받을 수 없는 외로운 영혼들과 정령들도 오셔서 밥 한 술 뜨고 가시라는 제 나름의 정성이었습니다.

그런데 사실은 제사상에 올린 것은 아무것도 없고 정한수 한 그릇뿐이었습니다. 귀신들이 와도 먹을 게 없다고 투덜거릴 수 있겠지만 상다리가 부러지게 차리는 유교식 제사상과 달리 이렇게 한 이유 역시 동학에 나오는 '청수일기'의 정신입니다. 해월 선생이 그렇게 민중들에게 이르신 가르침입니다. 가난한 집 제삿날 자주 돌아온다고, 먹고살기도 힘든 판에 제사상 차리는 데 허리가 휘는 당시의 궁핍한 생활상을 고려한 것이기도 하지만 그보다 제가 중요시한 것은 다른 데 있습니다.

아무리 제사상을 많이 차려도 모든 음식을 다 올릴 수는 없습니다. 그러나 물은 생명의 근원이며 오만 가지 음식을 만드는 뿌리입니다. 무한대의 정성을 바로 이 청수 한 그릇에 담을 수 있는 것입니다.

후배가 집사가 되어 진행을 맡아주었고 큰형과 작은형수가 차례로 촛불을 밝히고 향을 살랐습니다. 그다음이 청수 모시는 순서였습니다. 손자로서는 유일하게 참석한 제 아들이 그 역할을 했습니다. 그러고는 제가 이른바 초혼사를 했습니다.

어머니 혼을 모시는 순서인데 초혼사 앞부분에서 곡진하게 어머니 안부를 묻고는 참석한 사람을 하나하나 소개해 올렸습니다. 사람들이 말하듯이 하늘나라에는 정말 고통도 아픔도 없는 게 맞느냐, 몸과 정신이 제각각인 치매도 없더냐고 여쭤보면서는 목이 메었습니다.

여기까지가 '어머니 모시기'였고 이어서 '어우러지기'가 있었습니다. 노래와 연주와 소리와 영상으로 어머니랑 한판 구성지게 노는 시간이었습니다. 하늘이 안내한 듯, 재일한국인 음악가 피카레와 청년 콘트라베이스 연주자 이동희 님이 함께해주었습니다. 마지막은 '나누기'로, 어머니에 대한 회상도 하고 자신을 내놓고 서로에게 위로와 지지가 되는 담소를 나누었습니다. 당연하게도 참석자들은 자신의 어머니를 떠올리며 다짐을 나누는 시간을 보냈습니다. 2시간여 걸려서 음식도 나눠 먹고 추모 놀이도 하는 자리가 되었습니다. 제가 홀가분하고 오신 분들이 다들 좋았다고 하는 걸 보면 어머니가 잘 다녀가신 것 같습니다.

7부

농민의 삶

살며
어울리며

1
지역살이

열 사람이
한 걸음씩

오죽하면 대한민국을 민주공화국이 아니라 토건공화국이라 부를까마는, 개발이라는 이름이 붙은 토건 공사는 시골도 예외가 아닌지라 곳곳이 깎이고, 파헤쳐지고, 메워지곤 합니다. 아침에 멀쩡한 도로를 두부모처럼 잘라서 무슨 광케이블인지 하수관인지 하나를 묻더니 두어 달 지나서 또 잘라내고 그 속에 수도관 하나를 묻고 다시 메우는 식입니다.

1년 내내 공사 중인 대한민국에는 그 과정에서 개발이익을 가져가는 자와 삶을 파괴당하는 사람이 생겨납니다. 모든 토건 공사는 겉으로 공공의 이익을 내세우지만 속을 들여다보면 엄청난 개발이익 나눠 먹기 식 사업입니다.

시골살이 22년 동안 제가 사는 동네에서 벌어진 별의별 개발과 사업 유치를 목격했습니다. 엉덩이가 무거운 편이라 여기저기 이사 다닌 적 없이 딱 두 곳에서만 살았지만 전국귀농운동본부 이사와 공동대표직을 맡으면서 많은 마을을 다녔는데 다들 우리 마을에서 겪은 경험과 비슷한 상황이 있었습니다.

뜬소문의 실체, 사실관계를 바로 알아야

시골살이는 마을 토착민과 융합이 가장 중요하다는데, 맞는 말입니다. 그렇지만 그게 다는 아니라고 생각합니다. 흔히 가장 한국적인 것이 가장 세계적이라고 말하지 않나요? 융합이라는 것은 전혀 새로운 하나가 되는 것인데 제 생각, 제 판단 없이는 그 누구와 결합해도 새로운 것이 나오지 않습니다. 자신의 가치관과 철학은 유지하되 유연하게 적용하는 게 큰 지혜입니다.

동네 개발이나 기업 유치 같은 일이 있으면 가장 먼저 사실관계를 정확히 파악하는 것이 중요합니다. 처음에는 뜬소문처럼 시작된 이야기가 듣는 사람마다 다르고 말하는 사람마다 다르게 전해집니다. 이때는 이 사람 저 사람이 하는 다른 얘기에 좌지우지될 가능성이 있습니다. 정보 공개 청구 제도에 따라 관할 행정관청이나 인터넷 누리집(www.open.go.kr)에서 해당 정보 열람을 청구할 수 있는데 이게 가장 정확합니다. 공개되지 않는 정보가 있기도 합니다.

피하려 해야 피할 수도 없는 큰 사건 하나가 제 앞에 닥친 것은 마을

뒷산에 전원주택 단지가 들어서는 때였습니다. 귀농한 지 8~9년 되었을 때 일입니다. 제가 겨우 빈터 하나를 구해서 제 손으로 집을 하나 지어놓으니 기다렸다는 듯이 우리 집 뒤쪽 야트막한 야산 하나를 통째로 들어내고 전원주택 20채가 들어온다고 했습니다. 저 같은 귀농인은 주민 취급도 안 하고 동네 이장들을 중심으로 일은 속사포처럼 진행되었습니다. 그게 가능한 것이, 나이 많은 주민들의 도장을 다 이장이 쥐고 있었고 개발업자는 이장을 먼저 포섭하기 때문입니다.

근 반년을 끈 이 문제는 끝내 저의 완벽한 승리(?)로 귀결되었습니다. 정말 피 말리는 시간들이었습니다. 가장 먼저 사실관계 파악을 위해 녹음기까지 들고 사업자 집까지 찾아가고 고속도로 공사 담당 책임자를 만나기까지 했습니다. 고속도로 공사 책임자를 왜 만났느냐면, 일이라는 게 그렇습니다. 이리 얽히고 저리 얽혀서 그렇습니다. 그들의 말은 이장이 동네 사람 모아놓고 한 말과 전혀 달랐습니다. 아랫마을 이장도 만났는데 서로 말이 달랐습니다. 동네 사람들만 바보가 되어 있었는데 여기에 다 설명할 수는 없습니다. 그냥 한마디로 서로 속고 속이는 얽히고설킨 실타래 같은 돈 따먹기 판이었습니다.

양심에 꿀리지 않으면 이긴다

결정적인 문제는 이장과 사업자가 주민 동의서를 임의로 만든 것이었습니다. 이는 사문서 위조에 해당하는 범죄였습니다. 아니, 그보다 더 심각했던 것은 군청에 접수된 사업자의 사업 신청 내용이 '전원주택 단지'가 아니라 '축사'였던 것입니다. 눈치만 보며 어정쩡한 태도를 보이던 동네 어른들이 이때부터 제 쪽으로 붙었고 결국 그 사업은 취소되었습니다. 이 실태를 언론에 알려 보도된 것도 큰 영향을 끼쳤을 것으로 보입니다. 이러한 전 과정에서 저는 혼자였습니다. 사실관계를 하나하나 알아내고 그걸 확인하면서 힘을 낼 수 있었습니다. 동네 사람들의 지지는 분명한 사실관계가 드러나면서 비롯되었습니다.

사업자를 만나서 결정적인 문제들을 제기하며 담판을 지으려고 용을 쓰다가 겨우 약속을 잡았는데 밤늦게 자기 집으로 오라는 것이었습니다. 우리 집에서 20여km 되는 곳까지 혼자 가면서 테러를 당할 수도 있겠다는 공포가 있었습니다. 그 당시는 그랬습니다. 동네 사람들도 핏대가 올라 있었고 이장은 저한테 대놓고 쌍욕을 했습니다. 그래서 전화 통화를 할 때 제가 그곳에 가는 것을 가족이나 동네 사람들이 다 알고 있는 것처럼 나름대로 꾸미기도 했습니다.

동네일을 할 때나 지역 민원이 생겼을 때 이를 주민운동으로 발전시키는 과정에는 숱한 난관이 있습니다. 주민들 중에도 이해가 엇갈리는 사람이 있기 마련입니다. 개발에 적극적인 사람은 땅값이 오른다는 기대 심리가 있습니다. 값이 오르면 땅 팔고 집 팔아서 도시로 나가겠다는 말을 서슴없이 합니다.

첫 번째 사건 때 이장도 노골적으로 그랬고 두 번째 사건에 해당되는 폐기물 공장 반대 운동 때도 그랬습니다. 어느 주민이 노골적으로 그랬습니다. 이런 시골에서 평생 살았지만 희망이 없다면서 땅값 좀 오르면 다 팔고 서울 아들네로 가겠다고 팔을 휘저으며 목소리를 높이기도 했습니다.

이런 상황에서 자기 자신을 지키고 일의 중심을 잡기 위해서는 양심의 소리를 들을 수 있어야 합니다. 그 무엇에도 굴리지 않고 부끄럽지 않은 당당함과 의연함은 양심의 편에 설 때 발휘됩니다. 어려움을 이겨나가는 힘도 양심에서 나오고 주민들을 결속해내는 것도 결국 양심의 힘에서 나온다는 게 제 경험입니다. 협상의 유연함도 양심에 딱 다가서 있을 때 발휘됩니다. 당장은 지더라도 양심에 꿀릴 게 없으면 장기적으로는 이기는 운동이 됩니다.

주민 스스로 주체가 되도록

폐기물 공장 반대 운동 역시 1차, 2차 다 이기고 행정재판이 진행되었는데 이때의 승리 핵심은 좀 다른 곳에 있었습니다. 반대대책위를 확대 개편하면서 부위원장을 수십 명으로 늘렸고, 지역 내 모든 단체의 장을 대책위로 영입했던 것입니다. 각급 단체들이 대책위에 성금까지 내게 된 것은 주민의 결속을 강화해주었습니다. 서명운동은 지역 여론 선점에 촉매 역할을 했습니다. 전 주민의 1/4이 서명을 했으니 유권자로만 따지면 1/3은 족히 넘는 서명 실적이었습니다. 홍보물과 집회, 시위, 천막 농성, 지방의원 간담회 등은 물론 논리적으로 상대를 압도한 당사자 간 공개 토론회는 지역 여론을 확실하게 장악하는 계기가 되었습니다.

대책위가 지역 여론을 유리하게 조성했습니다. 어떤 방식으로든 대책위에 많은 주민이 소속하니 폐기물 공장 설립을 찬성해도 공공연히 주장하기 어려운 지역 분위기가 확실하게 만들어졌습니다.

한 사람이 열 걸음 가는 것보다 열 사람이 한 걸음 나아가는 것이 중요하다는 주민운동의 원칙은 새겨둘 만합니다. 문제의 해결이 주민운동의 목표이긴 해도 그것이 전부는 아닙니다. 주민의 각성과 결속이 어쩌면 더 중요합니다. 그래야 주민 스스로 주체가 되어 비슷한 사건이 다시

폐기물 공장 건설 반대 집회에 모여 행진하고 있는 주민들

생겨도 자생적인 대응력을 갖출 것이기 때문입니다.

여러 경험 중에 끝내 저 홀로 외톨이가 된 사건이 있습니다. 주민의 동참을 단 1명도 이끌어내지 못했지만 그렇다고 실패라고 생각하지는 않습니다. 읍내에서 근 2~3km 정도 떨어진 외딴 마을이었는데, 난데없이 관에서 오수 처리 시설 개선 공사를 한다면서 몇 집 안 되는 마을 집들의 화장실 오수와 폐수를 다 합쳐서 읍내까지 하수관으로 빼내어 종합 처리를 할 테니 다 연결하라는 사업이었습니다.

저는 옳지 않다고 거부했습니다. 수백억 원의 공사비를 들여 몇 집 안 되는 화장실의 오폐수를 그것도 몇 km나 끌고 가서 처리한다는 게 얼마나 어리석은가요? 그것도 농사지을 때 귀중한 자원이 되는 똥오줌을 산골 마을에서 자체 순환하지 못하고 쓰레기로 취급해 엄청난 돈을 들여 정화한다는 것이 누구 좋으라고 하는 짓인지 납득할 수 없었습니다.

물론 구실은 그럴듯했습니다. 개별 농가의 정화조가 넘치는데도 청소도 하지 않고 오물이 개울로 흘러든다는 것입니다. 그거야 집집마다 아담한 생태 화장실을 지어주고 거름 만들어 쓰게 하면 될 일입니다. 하지만 공짜라고 하니까 동네 사람들은 다들 화장실을 그 관으로 연결해 버렸습니다. 저는 연결할 수세식 화장실도 없었지만 그걸 빌미로 수세식 화장실을 만들지도 않았습니다.

가장 좋은 주민운동은 자기 자신의 온전한 삶을 그대로 사회적으로 확장하는 것, 또는 사회적 합의를 자기 삶 속으로 영입하는 것이 아닐까 합니다.

2
삶을 나누는 여행

습관화된
나를 벗어나
잠재된
나를 깨닫기

여행의 즐거움과 보람은 어디에서 비롯되는지 곰곰이 생각해보게 됩니다. 어떤 남다른 여행을 다녀와서 하게 되는 생각입니다. 많은 여행기에서 똑같이 말하는 것은 낯선 풍경과 처음 보는 사람들, 예상치 못했던 사건이나 실수, 장엄한 자연 앞에서 압도되던 기억이나 이색적인 문화 체험, 때로는 함께 간 일행과의 소소한 불화 때문에 겪은 마음고생까지 즐거운 추억이 되더라는 것입니다. 그러나 뜨거운 여름날, 하룻밤 이틀을 함께했던 22명의 사람이 크게 만족했던 그 여행은 좀 달랐던 편입니다.

숙소는 마을회관, 나머지는 각자의 몫

여행이 끝나면 폐쇄하기로 한 단체 카톡방이 열기가 더 뜨거워져 글이 계속 올라오고 자기 집을 사진으로 찍어 올리며 서로를 초대합니다. 1박 2일 여행에서 미처 나누지 못한 이야기들이 꼬리를 잇는데 어떤 분은 여행지에서 본 늙은 소나무를 수묵화로 그려 올렸습니다. 그분이 수묵화에서 상당한 경지에 이른 분임을 화들짝 놀라며 알게 됩니다.

여행을 다녀왔던 그 주말은 기상청 예보와 달리 폭염이 기세를 누그러뜨리지 않아 무척 더웠으나 우리는 에어컨이 없는 방에서 잤습니다. 방이 2개 있는 마을회관이었는데 여자들이 자려 했던 방이 너무 작아서 일부는 큰 방에서 남자들과 같이 자야 했고 샤워도 못 한 사람이 많았습니다.

밥은 음식점에서 사 먹지 않기로 했기 때문에 직접 했고 국도 끓이고 반찬도 조리했습니다. 주방은 당연히 더 더웠습니다. 전문 숙소가 아니라서 아무런 숙박 용품도 없었습니다. 청소는 당연히 우리 몫이었습니다.

밥을 안 사 먹는 것은 물론 페트병 생수를 단 한 병도 사지 않았으며 물컵과 물병, 수저, 개인용 접시까지 다 각자 챙겨 가기로 했던 것은 우리가 조금만 사려 깊게 주위를 살펴보면 주변 천지가 일회용품들로 환경오염을 일으키고, 손만 뻗치면 유기화학 화합물이요, 수입 농작물이요, 유전자조작 가공식품이요, 생활 화학재들이어서입니다. 폭염과 가습기 살균제 사태는 이와 무관하지 않습니다.

생수도 술도 없는 여행

특히 페트병 생수는 여행 갈 때는 물론 토론회 등의 행사에서 별 생각

없이 개인별로 나눠주는 게 관행이 되어 있는데, 반쯤 먹다 남은 비싼 생수가 빈 병과 함께 한순간에 다 쓰레기로 둔갑하는 현실은 보통 심각한 문제가 아니라고 여겼습니다. 종이컵과 함께 나눠주는 페트병 생수는 무조건 1인당 한 병씩이 기본이다 보니 한 모금 마시고는 종이컵과 함께 버려지는 경우가 많습니다. 페트병 오염은 대륙을 뒤덮고 해양오염의 주범이 되고 있습니다. 환경단체나 시민단체의 행사에서도 이런 모습을 쉽게 볼 수 있습니다. 우리는 잠깐의 편리를 위해 별 생각 없이 그렇게 하는 것이 이미 몸에 배어버렸습니다.

마을회관에 이불이 없으니 각자 이불을 하나씩 가져오라는 알림을 듣고 겉으로 드러낸 사람은 없었지만 불평이 나올 만도 했습니다. 더운 여름에 반찬도 하나씩 가져오라니 차라리 회비를 더 걷자는 생각을 하는 사람도 있었을 겁니다. 다행히 아무도 공개적으로 불평하거나 그런 요구를 하지는 않았습니다.

어떤 이는 숙박 여행을 가서 술 한 방울 못 먹은 경우는 60 평생 처음이라며 주최 측에서 미리 술을 안 준다고 했으면 사 왔을 것이라고 불만 섞인 농담을 했습니다. 분명히 자기가 먹고 마실 것을 가져오라 공지했지만, 여행을 주관하는 단체에서 설마 술을 준비하지 않기야 하겠느냐는 상식적인 믿음이 깨진 것입니다.

요즘 웬만한 여행은 기관이나 단체에서 주관하면서 공짜이거나 저렴한 것이 많습니다. 체험 행사나 연수, 탐방의 이름으로 진행되는 여행들은 그야말로 맨몸, 맨입으로 가면 집에서보다 더 호화롭게 즐기고 마시고 먹습니다.

그래서 참가자들은 맨손으로 와서는 술이 없어도 불평, 모기가 한 마리 보여도 불평, 샤워실이 좁아도 불평입니다. 옆방과 소음 문제로 다투기도 합니다. 매우 위험한 현상입니다. 비가 와서 동네 길가에 흙더미가 무너져도 삽을 들고 달려들기보다 군청에 전화부터 합니다. 길가에 풀이 수북해도 면사무소에 전화를 합니다. 노인 일자리라도 만들어서 풀 좀 깎으라고요. 시골뿐이겠습니까. 도시 옆집의 장미 넝쿨이 담장을 조금만 넘어와도 구청 민원실에 전화를 합니다.

우리는 스스로 할 수 있는 능력을 시장이나 공공기관에 자발적으로 저당 잡히고 자신의 능력이 퇴화되는 것을 모릅니다. 이웃과 다투거나 타협하면서 조화의 능력을 키울 줄 모릅니다.

이번 여행에 참석한 사람들이 가져온 여주 차와 사과즙, 연잎 차가 있었지만 여행지에서 술 한 잔 생각하는 것은 자연스럽습니다. 다들 술이 없어 아쉬워했지만 그런 분들조차 술이 없어서 다음 날 아침이 너무도 상쾌했다고 말했습니다. 다들 일찍 일어났고 '고음실 마을'의 농촌 길을 산책할 수 있었습니다. 술집뿐 아니라 식당이나 집에서도 술은 늘 마시니 여행지에서만큼은 술 없이 지내보는 것도 색다른 여행이 될 것입니다.

필요 이상 축적 금지, 잉여는 공동체로

이렇게 우리는 부족함과 불편함을 새로운 경지와 접촉하는 발판으로 삼았고 단지 자기 맘에 안 들 뿐, 상대는 늘 최선을 다한다는 믿음을 유지하면서 여행을 이어갔습니다.

'문호리 리버마켓' 장터에서는 땡볕을 얇은 천막 하나로 가리는 둥 마는 둥 하면서도 예정대로 긴 시간 동안 장터 운영에 대한 설명을 들었습니다. 농부들이 직접 만들어가는 자율적인 장터 한가운데서 토론했습니다. 설명하고 답변하는 문호리 리버마켓 관계자나 우리 모두 땀을 뻘뻘 흘렸습니다.

문호리 리버마켓은 큰 감동과 함께 놀라움 자체였습니다. 요즘 유행하는 협동조합을 훨씬 뛰어넘는 체제로 보였습니다. 좌계 김영래 선생이 오래전부터 연구해온 동아시아 고대 장터인 '호혜 시장과 신시'에 가까운 것이었습니다. 필요 이상의 축적을 금하며 잉여를 공동체로 환원하는 시장. 개인의 자유와 자율이 사회집단과 조화를 이루는 '배달 화백' 체제 말입니다. 조직화 과정, 운영 방식, 지도력, 개인이 개성과 집단 규범 간 조화, 고대 직접민주주의, 권력과 권위의 형성 문제, 진입 문턱과 개방성 등 참으로 많은 것을 생각하게 해주었습니다. 이런 모범을 만들어가는 그분들에 대한 존경을 금할 수 없었습니다.

서로가 통해서였을까요? 대담이 끝나고 나서 그쪽 분이 제게 그랬습니다. "지금까지 문호리 리버마켓을 찾은 개인과 단체에서 여러 가지를 묻고 궁금해했지만 오늘 오신 분들만큼 수준 높은 대화를 한 적이 없다"고요. "주로 하루에 돈을 얼마쯤 버느냐고 묻는 사람이 많다"고 덧붙였습니다.

문호리 리버마켓은 그날 점포 168개가 들어섰다는데 단 1개의 점포에도 인쇄된 현수막이나 입간판이 없었습니다. 모두 손으로 직접 만든 것들이었습니다. 개성과 정성이 도드라지는 모습이었습니다. 점포 주인들은 당당하고 흥겨웠습니다. 많이 팔아서 이문을 남기자는 태도는 없었습니다. 손님들이나 옆 가게 주인들과 어우러지는 것을 즐겼습니다. 어떤 점주는 이곳에 출점하는 것 자체가 힐링이라고 말했습니다.

강의 대신 서로 삶을 나누는 시간

고음실 마을의 최성현 선생 자연재배 농장에서도 강의보다는 대화를 했습니다. 웬만한 연수나 탐방에 꼭 끼여 있는 유명인의 강의가 필요 없다는 것은 아니지만 강의가 지닌 한계가 분명해서입니다. 전문가가 한두 시간에 걸쳐 완벽하게 진행하는 강의는 사람을 감동시키고 공감을 불러일으킵니다. 그러나 딱 그 순간 그만큼이라는 게 한계입니다.

첫날 밤에 마을회관에서 강의라 할 만한 것이 있긴 했는데, 일반적인 강의가 아니라 여러 참석자가 나서서 자기 생각이나 주장보다는 '삶'을 나누는 시간이었습니다. 생각과 주장은 듣는 사람 각자의 몫이고 발표하는 사람은 자기가 그러하게 살고 있는 것을 소개할 뿐이었습니다. 미리 신청을 받아 진행한 '10분 발표'였습니다. 처음에는 '10분 토크'라고 했다가 토크라는 남의 나라 말을 발표로 바꾸었습니다.

10분 발표가 진행될 때 정면을 향해서 왼쪽 벽에는 10분간 발표하는 분들의 이름과 주제를 붙였고 오른쪽에는 "좋다. 여기가 참 좋다"라는 우리 자신을 확인하는 글을 써 붙였습니다.

생각과 주장은 진정한 그 사람 자체일 수가 없고 세상을 어지럽히는 경우가 많습니다. 살아내고 있는 모습이 그 사람 자체에 더 가깝습니다. 머릿속에 있는 생각과 주장과 바람이 가슴으로 내려와서 마음을 움직이고 공감하는 데 걸리는 시간과 거리는 잴 수 없을 만큼 오래 걸리고 멉니다. 더구나 생각이 가슴을 거쳐 손과 발에까지 이르러 그렇게 행동하고 살아내는 것은 차원이 다른 문제입니다. 그래서 우리는 생각은 빼놓고 삶을 나누었습니다.

10분 발표 시간에 우려(?)했던 일이 벌어졌습니다. 한 발표자가 오열

서로 삶을 나누고 있는 여행 참가자들

했습니다. 혼자 힘으로는 자신을 들여다보는 깊이에 한계가 있었나 봅니다. 모든 사람이 귀를 기울이고 호흡을 같이하며 그에게 마음을 모아주자 그는 평소에는 만날 수 없었던 또 다른 자신과 직면하면서 울음을 터뜨렸습니다.

그는 울었고 우리는 웃었습니다. 그도 우리를 따라 웃다가 다시 울기를 반복했습니다. 주먹으로 눈가를 쓱 훔치며 얘기가 엉뚱한 데로 간다고 자책을 하면서도 발표를 잘 마무리했습니다. 여러 사람이 그에게 가서 안아주고 등을 토닥여주었습니다. 주입되는 감동보다 깊은 속마음에서 솟아나는 공명은 감염력이 높습니다. 발표자뿐 아니라 청취자도 한마음이 되었습니다.

5~6일에 수십만 원씩 내고 가는 이런저런 명상 프로그램에서나 있을 법한 일이 일어난 것입니다. 자연환경과 인문사회 환경을 찾아가는 여행이 전부인 줄 알던 사람들이 내면으로 자기 탐사 여행을 한 셈입니다.

여행자들이 논둑 버드나무 아래에서 자연농법에 관한 이야기를 듣고 있다.

파괴 없는 농사, '숲 밭'

최성현 선생의 농장에서는 논둑 버드나무 그늘 아래 앉아서 얘기를 나누었습니다. 최 선생은 농사와 생명 이야기를 인류 문명 차원에서 풀어주었습니다. 그러고는 '숲 밭'이 가장 모범의 농사가 아니겠느냐고 했습니다. 농사 자체가 기본이 파괴이므로 파괴 없이 먹을거리를 얻는 방법이자 현대 물질문명의 대안적 삶 차원의 이야기였습니다.

우리가 앉았던 자리에 그늘을 제공한 논 옆 버드나무는 오래전 전통농사의 흔한 풍경입니다. 현대 농법에서는 그늘이 생긴다고 질색이지만 만물 만생의 생명 공간에서 버드나무는 벼농사의 일꾼입니다. 이 나무가 논에 번식하는 병해충의 천적인 무당벌레나 거미류의 서식처가 되기 때문입니다. 옛날 신작로에는 양옆으로 버드나무가 나란히 있었습니다. 물론 신작로 따라 논들이 있었고요.

여행이 '습관화된 나'를 벗어나 새로움을 찾는 것이라 한다면 새로움은 외부 환경과 타인에게 있는 것이 아니라 자신 안에 잠재된 것임을 깨닫는 것이 여행의 큰 소득일 것입니다. 이 여행은 전라북도 장수에 근거지를 둔 '농민 생활인문학-닦음과 행함'에서 연 여행이었습니다.

회원들이 저마다 챙겨 온 준비물들

식재료
김치, 고추 자반, 마늘장아찌, 마늘종 장아찌, 콩잎 장아찌, 가지, 적양파, 콩나물, 북어 채, 멸치, 감자, 깻잎, 풋고추, 마늘, 쌈장, 15년 된 된장, 고로쇠 고추장, 천연 양념, 번데기, 쑥개떡, 현미, 흑미, 율무

과일
참외, 포도, 사과, 토마토, 방울토마토, 곶감

간식거리
과자, 찹쌀 꽈배기

음료
연잎 차, 여주 차, 사과즙, 커피, 담은 술

재능 기부
기획, 차량 안 사회, 요리, 설거지, 청소, 10분 발표, 토론 사회, 시 낭송, 요가 명상, 대금 연주, 농 짙은 유머, 노래, 판소리, 진한 눈물의 자기 고백, 따뜻한 포옹, 재롱, 사진 촬영, 넉넉한 웃음

기타
여분의 이불

3
농민의 생각

절규 속 배부른 가을, 싸리비 없는 초봄

벼 베기 첫날, 그들의 절규

바로 어제야. 올해 첫 벼 수확을 했다더군. 그게 무슨 잔칫날이라도 되는지 신문이며 텔레비전에서 떠들어댔어.

그 사람, 4월에 모를 심었대. 미쳤어. 4월이면 늦서리도 오는데 그때 심었다니 도대체 그럼 언제 우리를 싹틔우기(침종)한 거지? 올해는 추석이 빨라서 그때 팔아먹으려고 일찍 심었대나 뭐래나. 아이고, 내 신세야. 제철을 잊고 산 지가 몇 해나 되었는지 모르겠네. 저 인간들 때문에.

그나저나 우린 이제 완전히 한국 땅에서 사라지는 거 아냐? 박근혜 정부가 들어서기에, 미국산 소고기에만 관심 있던 전직 대통령 때와는 달리 쌀이 좀 대접받게 되려나 했더니 말짱 도루묵이야. 내년부터는 쌀을 마구잡이로 수입해 들인대. 쌀 관세화를 한다나. 에구.

값싸고 질 좋은 수입 쌀을 얼마든지 사 먹을 수 있는 줄 아나 봐. 돈만 있으면 쌀은 얼마든지 사 먹을 수 있다고? 그게 한순간인 걸 모르나 봐. 신기루라는 걸 왜 모를까? 우리가 논에서 살아가는 덕분에 대한민국에 춘천 소양강 다목적댐 28개가 거저 생긴다는 걸 제대로 아는 사람이 없어. 자동차 팔고 통신장비 팔고 휴대전화 팔아서 쌀 사 먹는 짓은 소양강 다목적댐을 하나씩 폭파하는 거야, 이 바보들아. 피 뽑아 팔아서 술 사 먹는 짓이야, 이 얼간이들아.

요즘은 우리에 대한 상시적인 학대, 가혹 행위가 도를 넘었어. 고문이야 고문. 우린 알아. 할아버지 대에는 못자리에서 최소한 45일에서 50일을 자랐어. 향긋한 흙냄새를 맡고 짧디짧은 한낮의 땡볕을 흠뻑 쬐었어. 얼음장 같은 새벽 찬 공기에 온몸을 떨면서도 우리 볍씨들은 야물게 뿌리를 내렸어. 일주일 침종 기간 합치고 안방 구들장에 2~3일 촉 틔우기까지 합치면 거의 두 달 만에 모내기를 했어.

요새는 어떤 줄 알아? 단 15일 만에 모내기를 해. 침종, 소독, 최아, 다 합쳐서 보름이야 보름. 끔찍해. 고문이야. 옛날에는 3개월은 자라야 삼계탕을 해 먹던 닭도 지금은 딱 27일 만에 키워낸다니 우리가 그 꼴이야. 갓 부화한 병아리 40g짜리가 딱 27일 만에 몸집을 37배나 불려서 1.5kg 삼계탕이 된다고 하니 도대체 그게 인간이 할 짓이냐고! 아니지. 인간이니까 그런 짓 하지. 그런 몹쓸 짓 하는 존재가 또 있으면 말해봐!

우리는 논에 물을 대서 키우는 작물이야. 그런데 9층, 10층 서랍장 같은 컨테이너에 얹혀서 허공에 뜬 채 안개비처럼 뿌려대는 비료 물을 먹고 크니 병에 안 걸리겠어? 도열병에 백엽고병, 잎집무늬마름병. 비닐집 속에 가둬놓고 햇볕 한 줄기 구경도 못 하고 밤낮으로 비료 물만 뿌려대니 온몸에 병을 키우지, 병을 키워.

멸구나 노린재보다도 농약이 더 무서워. 혹명나방이나 이화명충보다 더. 비 오는 날이 얼마 전만 해도 한숨 돌리는 날이었어. 농약을 안 치니까. 이제는 점착제를 섞어 뿌려서 비가 오는 날에도 농약이 안 씻겨 내리고 우리 살 속으로 파고들어. 그러고는 영양제를 뿌려요, 쌀 영글라고. 낟알 튼튼하고 수확량 많으라고. 완전 억지춘향이야.

다 자란 우릴 불태우는 건 또 뭐야. 정부에서 농정을 잘못하면 그놈들 모가지를 비틀어야지 왜 애꿎은 우리를 화형에 처하느냐고! 농민회 놈들 얘기야. 쌀은 민족의 생명이니 뭐니 하면서 멀쩡한 나락 논을 갈아엎는 건 무슨 짓이냐고? 농민들이 오죽하면 자식 같은 나락 논을 갈아엎겠느냐고 둘러대지만 우리한테 나락은 막 팰락 말락 하는 임신부야 임신부! 인간들은 지하철에도 임신부 자리를 따로 만들어놨다며? 우리가 무슨 죄가 있다고 아스팔트 경찰 방패막이 앞에서 쌀을 뿌려대고 짓밟느냐고! 쌀 개방은 인간들이 하면서.

40년 전만 해도 우리나라 농지 이용률이 240%였어. 100평 땅을 가지고 1년에 240평 농사를 지었다고. 지금은 105%야. 왜 그런 줄 알아? 논에다가 돈 된다고 포도 심고, 감 심고, 사과 심고, 오미자 심고, 그러니까 농지 이용률이 곤두박질친 거야.

내 말 잘 기억해. 우리가 죽기 전에 너희가 먼저 죽을지도 몰라.

벼농사는 우리 농사와 삶의 근간이자 역사다.

키 작은 고추의 비밀

세상은 돌고 돌아 가을이고 보니 시골에서는 추수 일로 바쁩니다. 쾌청한 가을 날씨는 하루 햇살이 100만 원짜리라는 말도 나오고, 요대로만 가면 벼농사는 대풍이 될 거라는 예측도 합니다. 그만큼 가을걷이 때는 한나절 햇살이 수확에 미치는 영향이 크다는 얘기입니다.

날씨에 따라 작물별로 희비가 엇갈리는데 벼농사는 대풍이 예상되지만 고추는 여름철 잦은 비로 작황이 별로 안 좋습니다. 그래서 지난해에는 말린 고추 한 근을 4천500원이면 살 수 있었지만 올해(2014년)는 1만 2천~1만 3천 원에 거래됩니다.

어느 자리에선가 제가 지난해에 농약을 전혀 안 쳤지만 고추를 다섯 번 딸 때까지 병이 없었다고 말했더니, 못 믿기는지 하루 동안에 다섯 번 밭에 나가서 딴 거 아니냐고 농담처럼 묻는 사람이 있었습니다. 우리 밭 고추가 다섯 번 따고도 서리가 내릴 때까지 병이 들지 않고 싱싱

할 수 있던 것에는 몇 가지 비밀이 있습니다. 고추 키가 유난히 작다든 가 고추를 지지대에 심하게 묶지 않는다는 것 등입니다. 잡초가 같이 자 란다든가 곁 이랑에 들깨가 심어져 있다는 것도 고추가 병들지 않는 비 밀에 속합니다. 자연재배 농부들의 고추밭이 다 이렇다고 보면 됩니다.

비닐집에서 재배하는 고추는 사람 키만 한 것도 있지만 우리 집 고추 는 큰 놈이 한 자 반(45cm) 정도밖에 안 됩니다. 그렇다고 종자가 난쟁 이 고추인 것은 아닙니다. 그냥 땅의 영양이나 뿌리의 발육 상태에 알맞 은 크기가 되다 보니 그럴 뿐입니다. 한마디로 고추를 최대한 자연 상 태에 가깝게 키운 것이라고 생각하면 됩니다. 그런 작물은 병이 없습니 다. 들풀이나 들꽃에 병이 없는 것과 같은 이치입니다. 이것이 가능하 려면 농부의 노력만으로는 안 됩니다. 키가 작고 조그마한 고추, 많이 달리지도 않고 한꺼번에 붉지도 않는 고추지만 과잉 성장을 조장하지 않는 농사. 이는 농부의 신념에 소비자의 취향이 함께해야 가능한 일입 니다.

올 추석은 40년 만에 가장 이른 추석이라고 하는데, 그렇다 보니 제 상에 오를 사과나 배, 포도에 비상이 걸렸습니다. 극조생종이 아닌 이상 9월 중순이 되어야 제대로 익는데, 9월 초가 추석이고 보니 대부분의 농 가에서 6월부터 성장호르몬과 착색제를 뿌리기 시작했습니다. 과일의 덩치를 키우고 색깔을 진하게 물들이기 위한 농약들입니다.

올 추석에 산 사과나 배는 상온에서 오래 보관이 안 되고 쉬이 물러버 릴 것입니다. 그럴 수밖에 없는 것이 과도하게 성장하면서 지나치게 비 대해진 과육은 정상적으로 자란 과일과 달리 수분 함량이 많고 밀도가 낮으며 부패가 빨리 진행되고 과일 맛도 없이 푸석푸석하기 때문입니

튼튼하게 자라 열매를 매단 키 작은 고추들

다. 성장촉진제는 옥신계와 지베렐린계 등이 있는데 원래 벼 키다리병 병원균입니다.

식물 생장 조정제라 하여 셀 수도 없이 많은 농약이 팔리는데 이름마저 속임수가 넘칩니다. 진상품, 안티폴, 포미나(폼이 나), 쑥쑥, 도레미, 애플빅(큰 사과), 다조아(다 좋아), 더크리(더 크겠다) 등등. 과수 농장에서 애용되는 카바이트 성분인 에틸렌 계열의 농약은 성장제의 특징상 성인의 노화를 촉진하고 아이들의 성조숙증을 유발합니다. 성조숙증은 어린이의 성장판을 닫아버립니다. 몸이 더는 자라지 않는 것입니다. 농약 '기준치'라는 말은 아무 쓸모가 없는 게 현실입니다. 농약을 기준치대로 치는 농부는 없습니다. 하루라도 빨리 수확해 비싸게 팔겠다는 성급한 마음에 인심 좋게도 농약을 듬뿍듬뿍 더 뿌립니다.

경제 성장주의가 사회적 약자를 자꾸 위축시키고 격리 대상으로 여기듯이 농작물 성장 촉진 농약제는 못생기고 작고 때깔이 좋지 않은 진짜 농작물을 다 몰아냅니다. 키가 작고 적게 열린 우리 집 고추가 더 귀한 이유입니다.

가을은 참 예쁘다

농촌 들녘의 복잡한 계산들 속에서도 가을은 여전히 예쁩니다. 추수하느라 분주한 농촌 들녘 풍경들도 액자 속 그림 같습니다. 농부들의 움직임은 하나의 무언극이 됩니다. 가을 햇살도 소리 없이 내립니다. 누군가에게 방해라도 될세라 살금살금 뒤꿈치 들고 오나 봅니다. 숨을 멈췄는지 계곡물조차 소리를 안 냅니다. 앞마당 강아지도 아랫배를 드러내 놓고 선정에 들었는지 짖지도 않습니다. 그래서 할 말이 없습니다. 입을 다물게 합니다. 뭔가에 귀 기울이게 하는 가을. 참 고요합니다.

고요하기만 할까요. 초롱초롱합니다. 가을은 한낮이라도 졸리지 않습니다. 일을 많이 해도 졸음이 없습니다. 밤하늘 별처럼 초롱초롱합니다. 고요하면서 초롱초롱하기. 가을입니다. 고요하되 원숙한 생명감. 가을을 닮으라 합니다. 고요하게 외칩니다. 우리 인간 문명도 가을에 접어들었다고. 성장하고 벌어들이고 싸워 이기고 쌓기보다는 고요해지라고.

가을은 물들게 합니다. 발간빛 단풍이 산꼭대기에서 야금야금 마을로 내려옵니다. 푸른 초목이 여름의 기억을 벗고 하나둘 가을빛에 물듭니다. 감나무도, 고욤나무도 단풍으로 물듭니다. 버티고 버티던 들깻잎도, 대추나무 잎도 무릎을 꿇고 동참합니다. 호미 끝에 이끌려 나오는 고구마도 물들었습니다. 발간 가을빛. 검고 축축한 땅속에서도 알아챘습니다. 가을이 왔다는 소식을 들었습니다. 땅 위의 것들이 수군거리며

가을의 발간 빛깔 가운데 하나인 감을 말리려고 널어놓은 모습

붉게 물드는 소식을 들었습니다. 지난해 가을의 기억을 또렷이 되살려 어김없이 물듭니다.

가을은 집을 나서게 합니다. 여기저기서 손짓하는 문학 기행, 음악회, 산악회, 마을 축제, 답사 기행, 노인의 날 행사. 흰 구름 두둥실 저 하늘 먼발치에서 손짓하는 듯해서입니다. 그래서 집을 나섭니다. 전자우편 초대장에 물들어 농기구를 놔버립니다. 황망히 집을 나섭니다. 가을 속으로 들어갑니다. 참가비 없고 선물까지 줍니다. 공짜로 차도 태워주고 잠도 재워줍니다. 그래서 집을 나섭니다.

면 단위마다 돌아가면서 열리는 노인의 날 행사. 집을 나섭니다. 지루하지만 그렇고 그런 기념사와 축사와 격려사를 들어주고 나면 수건도 하나 줍니다. 추첨권도 줍니다. 점심도 줍니다. 술도 줍니다. 그래서 집을 나섭니다. 양복 입은 지역 유지들이 굽실굽실 인사도 합니다. 휠체어에 앉아 몸을 못 가누는 우리 어머니에게도 악수를 청하고 음식도 권합니다. 그 곁에서 새파랗게 젊은 제가 노인의 날 노인 전용 음식을 얻어먹습니다. 그래서 집을 나섭니다. 이 가을엔.

가을은 배부릅니다. 옆 동네 아재비 집보다, 윗동네 외할아버지 집보다 가을은 산과 들에 먹을 게 많아 배부릅니다. 다들 도시로 떠나고 홀로 남은 밤나무들. 배나무들. 어서 오라 손짓합니다. 주워 가지도 않습니다. 따 가지도 않습니다. 벌레가 먹다가 배 터질까 봐 남겨둔 밤. 인간과 다투지 않고 나눠주는 밤. 토실토실 익어서 저절로 떨어진 이 밤들은 이가 안 들어갈 정도로 야뭅니다. 맛은 40년, 50년 전 기억을 되살립니다. 못생겨도 자디잔 배들은 칼로 자를 필요도 없습니다. 한입 베어 물면 시원하고 달기가 비할 데가 없습니다.

가을 햇살을 마지막 생명줄인 양 부여잡고 계속해서 꽃을 피우며 풋호박을 맺는 호박 넝쿨은 아무리 지져 먹고 전을 부쳐 먹어도 하루 자고 나면 주먹만 한 열매를 또 선사합니다. 썰어 말리느라 채반이 모자랍니다. 마당도 툇마루도 배부릅니다. 고추, 호박, 가지, 밤, 고구마 순, 오가피 열매, 옥수수가 가득 널려 배부릅니다.

가을은 참 예쁩니다. 박강수 노래 〈가을은 참 예쁘다〉의 노랫말처럼요. 마음은 구름처럼 흐릅니다. "조각조각 흰 구름이 새하얗게 미소 짓는"다라고 박강수는 노래합니다. 흐르는 것은 다 예쁘다 합니다. 어딘가에 매이지 않고 구름처럼 바람처럼 흐르는 가을. 사색의 숲길로 흘러드는 가을. 한가로워진 그대에게 다가갈 수 있는 가을. 참 예쁩니다. 악착스레 푸름이 무성하던 여름. 그 여름을 잘 통과해온 가을이라 더 예쁩니다.

사람 안 다니면 길 없어지듯이

꽃샘추위 끝에 서설처럼 눈이 내렸습니다. 덮인 듯 만 듯해서 땅이 얼핏 엿보이는 저 눈은 아마도 올겨울이 보내는 마지막 작별 인사일 겁니다. 아침 해가 돋으면 땅을 적실 물기 한 점 안 남기고 흔적도 없이 사라져갈 운명의 마지막 눈.

겨울의 기억을 좀 더 새기고 음미하고자 빗자루를 찾아보았습니다. 언 땅 위의 눈을 싸리비로 쓸 때 나는 소리와 감촉이 머리끝까지 시원해지게 한다는 걸 제 몸은 잘 기억하고 있습니다. 그러나 싸리비는 어머니 49재 헹시 치를 때 아궁이로 들어갔는지 보이질 않았습니다. 따뜻한 봄기운이 물씬 나는 때라 닳아서 몽당해진 싸리비를 누군가가 아궁이에 넣어버렸나 봅니다.

잠시 망설이다가 낫을 들고 산으로 올라갔습니다. 눈이야 더 오지 않더라도 농부 집에 마당비 하나 없으면 허전합니다. 자연재배 농사만 해온 우리 집에 철물점에서 2천 원이면 살 수 있는 플라스틱 비를 들일 수도 없습니다. 읍내는 물론 웬만한 농가에도 마당 구석에 사시사철 파란 하늘색으로 세워져 있는 플라스틱 마당비를 볼 때면 공장장의 어설픈 자연 흉내 내기 짝퉁 상술이 떠오릅니다.

싸리비건 수수비건 빗자루는 밑동이 잘려 비로 묶이면 옅은 갈색을 띠다가 점점 황회색으로 변해갑니다. 그러고는 흙색이 되어 수명을 다하는 법입니다. 모든 자연물이 그렇습니다. 흙으로 돌아가는 것은 사람만이 아닙니다.

지난해에도 싸리비를 만들면서 뒷산을 여기저기 쏘다녀야 했는데, 비로 맬 만한 싸리나무를 점점 더 찾기 어려워졌습니다. 사람이 다니지

싸리 대신 대나무로 만든 빗자루

않으면 길도 없어지듯이 사람이 찾지 않으니 자연도 싸리나무를 더는 만들지 않나 봅니다. 생명력이 강하고 생나무를 땔감으로 해도 잘 탈뿐더러 연기조차 나지 않아서 지난날 해방 공간에서 산사람(빨치산)들이 애용했다는 싸리나무는 온 산에 널려 있었습니다.

똑바로 자라서 곧으면서도 중간쯤부터는 곁가지가 길게 뻗고 끝 부위가 오목한 싸리나무라야 빗자루 매기가 좋은데, 마구잡이로 휘어졌거나 나무 중간이 비틀어져 뭉툭한 것들만 눈에 띄었습니다.

어릴 때 아버지 뒤를 쫓아 늦가을이면 뒷산에 가서는 소쿠리나 채반을 만들 싸리나무를 한 짐씩 해 오던 추억이 아련합니다. 쇠죽 끓이는 가마솥에다 긴 싸리를 가지런히 휘어 넣고 살짝 삶아서 건져서는 찬물에 급히 식히면 껍질이 쑥쑥 잘 벗겨집니다.

껍질이 벗겨지면 싸리나무의 속살이 새하얗게 드러납니다. 어둑해지는 저녁 무렵에는 그것이 더 뚜렷하던 기억입니다. 껍질을 벗겨내서는 다발로 묶어 반듯하게 편 뒤 응달에서 꼼꼼하게 말립니다. 바짝 말라버리면 작업하기 곤란해지기 때문입니다. 싸리나무 생활용품들을 다 만들고 나서 남은 못생긴 자투리로 싸리비를 맸는데 이제는 빗자루 맬 싸리마저 구하기 어려운 처지입니다.

어렵사리 싸리비 2개를 만들었을 때는 응달진 곳에만 눈이 조금 남아 있고 다 녹아버렸습니다. 쓸고 말고 할 눈이 없었고 동편에 떠오른 햇살만 생뚱합니다. 눈과 해가 공모하여 제가 싸리비를 만들어 쓸어줄 때까지 기다려주지 않기로 한 모양입니다. 자연도 이제는 그만한 아량조사 베풀지 않습니다. 사람이 다니지 않으면 길도 없애고 찾지 않는다고 싸리나무도 안 만들더니, 사람이 점점 강퍅하게 변하니 자연마저 야박해지나 봅니다.

싸리비 하나를 들고 노부부가 귀촌해 사는 윗집으로 올라가 선물로 드렸습니다. 싸리비를 보더니 반색하는 아저씨가 장가갈 때 얘기를 하셨습니다. 사주단자를 신부 집에 보낼 때 싸리나무를 두 토막 같이 보낸다는 것이었습니다. 장가를 '가는' 것이니 사돈께서 회초리 삼아 잘 가르쳐달라는 뜻이라고 합니다.

아, 맞습니다. 사주단자 보내고 하는 것이 사라지니까 싸리나무가 사라지나 봅니다. 환경파괴는 산과 강, 공기나 지하수를 해치는 것만이 아니라 우리의 얼과 넋을 잃는 것과 맥이 같은 것이로군요.